"胡"说收藏

胡月明／著

收藏是一个人生活城堡中开出的一扇窗户，
每一扇窗户面对一个世界，
让一个人的内心变得丰富，
享受一种精彩。

河北出版传媒集团

河北教育出版社

序

听到《"胡"说收藏》这个标题，已有一些时日。我觉得它很有特色，有特色的文字是最容易记住的。《"胡"说收藏》是胡月明先生以自己的姓氏命名又加以谦辞著述的一本关于收藏的图书。

说到收藏，我想历来会让人想到与故宫、国家博物馆里面的那些旷世珍宝。故宫、国家博物馆的藏品，是悠远历史的孑遗，是我们祖先精神与物质文明曾经达到过的一个景致。到了现代，能把它们来龙去脉说的清晰的人物，被称之为收藏家或鉴赏家。他们的著述让人们很感动，列举的景致也很寥廓，让人正襟危坐地读，读得以为写出这些文字的人，一定是烟霞供养。

然而，让人感动的东西，并不止是故宫、国家博物馆里的收藏品，这一类不可替代，在于它在老百姓的心中升起一种对历史的神往。而流传民间的不可替代，在于它让那些历史的孑遗在今天老百姓的手中流转小驻。故宫、博物馆里的馆藏总是让人距离三尺远，民间的收藏却可以让人无限真切地看清真面目。

胡月明先生著的《"胡"说收藏》就是这样一本以平和质朴的语言，生动的案例讲述民间收藏的著作。作者抛开了有关收藏书籍中沉闷的叙事形式和枯燥的理论描述，撰写了收藏者和爱好者最为关注的120个小标题，他像一位出色的导游，引领读者走进收藏之门，从红木家具、书画、玉器、翡翠、名表，到连环画、邮票、贝壳、陶俑、瓦当；从越南木雕到日本陶瓷；从回流文物到俄罗斯的油画收藏；从艺术品典当抵押到艺术法规的建立；既有生动的案例分析，又有切身的收藏经验传授，使读者在轻松的阅读中已然对于收藏知识有了较为全面的认识和领悟。

《"胡"说收藏》中"胡"说的内容宽泛，几乎包括了收藏的各个领域，但归结起来不外乎以下三个方面：

一、是收藏现状说。胡月明先生多年从事中国文化事业的发展和研究工作，尤其深谙近些年艺术市场的风云变幻。他站在一个特殊的平台，从"陈逸飞的油画""越窑的青瓷""康熙年制的景泰蓝"到各大拍卖公司屡创拍卖佳绩的精确数字来俯视艺术市场的收藏盛况。让走入和即将走入收藏之门的读者有了一个背景化的认识。

二、是收藏心态说。"收藏者的快乐就是出自喜欢和热爱，并为藏品尝尽甜酸苦辣而无怨无悔"，这也是胡月明先生贯穿全书的宗旨。本书与传统收藏观有着不一样的视角，即不再赘述那些缺乏精神实质的陈词滥调，或像那些大部头的学术论著一样将大量的理论分析堆砌在一起。相反地，它像一本心语，作者用心与读者交流收藏故事里的喜怒哀乐，把多年收藏经验和故事娓娓道来，既教读者很多收藏鉴赏的知识，也传达了一种独特的收藏观和文化观。《"胡"说收藏》不是讨论藏品的升值，它真正关注的是收藏的过程和心态。也可以说，它是借助说收藏，来告诉我们怎样善待藏品，珍视缘分。

三、是藏品与藏者说。胡月明先生在本书中没有把藏品束之高阁，而是指出"收藏就在身边，只要有心，就有机缘"。这让我想到收藏界流行的一句话：是你收藏了藏品，还是藏品收藏了你。可以传世的艺术精品，也许自你开始收藏，也许你只是代代传承的其中一人，只代表一个短短的阶段。在这个意义上讲，藏品汲取了收藏者的钟爱，也向后继的收藏者延续它曾有过的钟爱。因此，珍惜和善待今天有缘与你际会的藏品是应该的，它有理由集万千宠爱于一身。

艺术收藏总是给人以轻纱遮眼万千重的神秘和困惑，《"胡"说收藏》撩起面纱，告诉大家，艺术是每个人都能品读和购买的东西。从投资来说，可以和股票、基金一样看待，从收藏角度，可以和陶瓷、书籍、玉石一样珍藏。

我认识的胡月明先生感觉一直都在忙碌，开会、出差、谈话，前不久偶读他的一本《连环画情缘》，才发现他竟然有这么执着和丰富的连环画收藏。慨叹和佩服中又读到了这本《"胡"说收藏》的手稿，我在一个宁静的下午一口气读完，情绪随着他的讲述，时而惊喜，时而惋惜，被他的妙笔雅句吸引着。他列举的那些藏品在我写下这些文字时，在脑海中还鲜活雅悦，历久弥香。明朝张岱曾说："人无癖不可与交，以其无深情也；人无疵不可与交，以其无真气也。"爱收藏者皆是有癖之人，对器物和器物背后的文化一往情深。胡月明先生对收藏的热爱和思考，让我对他本人更多了一份敬重。

《"胡"说收藏》即将付梓出版，胡月明先生承我为序，虽有忐忑，唯恐阅历浅薄写不出新意有负作者之托，但还是欣然应命，算是谈一点读后感吧，并以此拙文表达我对胡月明先生又一部新书出版的真诚祝贺。

2012年盛夏于北京皇城艺术馆
李延，河北联合大学教授、
硕士生导师，北京皇城艺术馆艺术总监

自序

　　用了两个月的时间，写了《"胡"说收藏》一百多篇文章，写了关于收藏话题杂七杂八的问题，有收藏心态、收藏原则、收藏观点、收藏风险、收藏投资、收藏市场等，总体概括起来就是关于收藏的思考和感悟。以"胡"说为名，一是本人姓胡（不敢与胡适先生之"胡说"比肩）；二是本人最多是收藏的爱好者和艺术品市场参与者，不是业内专家，所说所论算不上正规理论；三是自认为有些歪理，以"胡"说概括，予有心人、有缘人斟酌。

　　我常引用马丁·路德金的一句话"我有一个梦想！"，来概括我对艺术品市场良性发展的理想。我有幸站在一个特殊平台上，参与了政府、行业、市场、企业、经营者有关艺术品市场的许多事情，如尚未出台的国家《艺术品经营管理条例》的起草讨论、文化部"中国诚信画廊"的评选组织、中国国际艺术品投资与收藏博览会的创办、中国艺术品产业博览会策划组织、中国艺术品产业论坛、酒店式画廊博览会、美日等多国的艺术品会展和交流活动、多届中国诚信画廊展、文化部文化市场发展中心艺术品评估委员会的创建与管理、20世纪美术品国家档案项目、艺术品产权交易所项目、艺术品投资基金项目、艺术品抵押贷款担保业务、艺术品典当业务、艺术品交易产业园区项目等业务，个人也喜欢杂项的收藏。在多年的工作中，我逐步梳理出这样的思路：就是中国艺术品市场如果要步入健康发展的轨道，就要建立系统化的市场基础保障。包括：法规建立健全、诚信机制健全、艺术品资产评估规范化、艺术品产权交易平台化及艺术品资产处置财务准则化、艺术品保险规范化、艺术品抵押担保规范化等系列基础保障。中国有文化艺术的深厚积淀，必将成为世界文化艺术的中心。这

徐悲鸿《愚公移山》

就是我的一个梦想。

说是梦想，就是我清楚地知道梦想变成现实的艰难。我在所处的平台上，恰恰有了资源整合的基础条件，因此，我认为可以为梦想成为现实做点事情。《"胡"说收藏》写得很凌乱，信马由缰，任意落笔，但还是可以看出一位普通收藏者对艺术品收藏市场的关切和喜爱。收藏深刻影响了我的内心世界，是修养性情的一剂良方。

文中多次提出自己的见解，不足为方家认同，仅是个人之见。写此书的目的，一是为系统梳理自己的思想；二是与读者交流感悟。见仁见智，权当枕边解闷儿之书。

目录

第一回

一花一草一世界

说说收藏的益处。

我在《读者》杂志看到一篇小品，讲的是一个小女孩在自家的窗户里看到一支送殡的队伍走过，善良的女孩黯然神伤，流出眼泪。女孩的爷爷带她走到另一个朝向的窗户，打开窗户望去，几个小朋友正在欢快地游戏，在草坪上撒欢嬉戏。女孩心情好了起来，走出家门和小伙伴一起玩耍去了。作者写道："一个人需要经常推开另一扇窗户，那将是一个不同的世界。"我认为一个人有收藏的爱好，就如同推开了生活城堡中另一扇窗户，可以开辟一个新的天地。

一个人生活在世上，怎么活都是一辈子，无从以某种标准评价谁活得有意义，谁活得有价值。但一个人内心对自己是有评价的，就是活得是否充实，是否满足，是否快乐。人到中年，会常常感叹生活的压力、烦恼、郁闷、怨气、不如意常伴身边，非常怀念童年的快乐。

齐白石《群虾图》

黄胄《竹雀图》

希望一种无忧无虑的日子。实际上是需要一种缓释压力、转移烦恼的生活方式。文体爱好、修养内心都是不错的选择，而收藏爱好更是一种有益的方式，会带给一个人身心的愉悦和内心的滋润，也许还有财富的增值。但最重要的是拥有更多的精神财富和度过许多精彩的时光。

收藏是一个人对心仪的物件，不断积累、不断探究、不断鉴赏、不断呵护、不断交流的行为过程。在这个过程中，有好奇、有激动、有惊喜、有惋惜、有自得、有骄傲、有困惑、有羡慕、有高峰、有低谷、有患得、有患失、有痴迷、有开悟、有陶醉、有失望，有一个完整的天地。多数的收藏者会形成独特的生活感悟力，形成一种持之以恒的耐性和对生活的热爱。多数的收藏者是生活的热爱者，因为热爱和热情是收藏者的首要品质。收藏也是对美好事物的鉴赏和仰慕，自然会培育收藏者的美德。

收藏者不一定是收藏家，收藏爱好是一种生活情趣的体现，收藏的过程重于收藏结果。收藏也经常会走入误区，收藏也会引起一些过于痴迷的人走向困境。但瑕不掩瑜，收藏爱好总的说来还是好处多多，是一种健康的生活方式。特别是在当今压力重重的社会中，拥有收藏爱好，有益于心理平衡和修养。

收藏的爱好让一个人多了一份对生活的关切，多了一个精神世界，多了一个朋友圈子，多了许多知识和见识，多了一块心田植育，多了几分充实，多了几分精彩。

第二回

萝卜白菜各有爱

说说收藏的门类

常有朋友来我的陋室喝茶，陋室是一间30平方米的半地下室，屋里堆满了我收藏的连环画及各种收藏品。许多朋友感慨到收藏的好处，遗憾自己没有收藏的爱好，也没有收藏的条件，也有人说不知道收藏什么种类藏品好。

在这些朋友眼里，收藏是一件很另类的事情，需要具备条件和机会。我很不以为然。其实收藏真是一件很普通的生活爱好，与很多条件没有太大的关系，关键的问题是不是有心而为之的事情。很多人认为收藏书画、玉器、家具、瓷器、邮票等物品才是收藏，这恰恰是对收藏的错误理解，我认为只要是感兴趣的物品都可以收藏。收藏是一种非常私人化的兴趣行为，无需用别人的眼光去看待收藏品种的是非。

收藏领域是个大千世界，收藏种类千奇百怪，完全是个人兴趣使然，哪里有条条框框！收藏就是为了个人的高兴，不是为了破什么世界纪录，是经历一个精彩的生活过程和精神体验，完全是个人内心的感受，又何必人为地给自己画地为牢呢！收藏品自然有价格的贵贱，但没有精神价值的高低。只要收藏的物品对自己有意义，就是值得收藏的物品。外人没有理由去评价他人收藏爱好的优劣。但良性的收藏最好与自己的工作阅历、生活经历、文化背景、社会环境、价值取向、情趣喜好有所关联，这不仅是容易获得藏品，更重要的是让收藏与个人生活密切关联，会让藏品对于自己更有独特意义，让生活充满生机。

建国初期唐山礼品瓷盘

传统画扇

　　一些记者朋友收藏记者证，一些职员收藏贺卡，一些人收藏自己乘坐过飞机的登机牌，收集自己住过酒店的火柴盒，有人收集书信，有人收集地铁票，有人收集站台票，有人收集钢笔，有人收集鼠标垫林林总总，不一而足，只要是个人喜欢，又何必在意别人的指指点点呢！

　　收藏的快乐在于自我的兴趣，自我的满足，自我的所有，自我的意义。只要认为值得去收藏，又能够体会到收藏过程的快乐，就是值得去做的事情，就能够体会到收藏带来的甜酸苦辣和怡然自得。

　　收藏与投资收藏是两个范畴的事情，一些收藏品确实有获得经济利益的价值，但那与收藏本身的乐趣没有必然的联系，收藏者与收藏品投资者、收藏品投机者是不同的概念，其追求的目的是大相径庭的。如果仅就收藏爱好而言，收藏品种没有高低贵贱，没有固定门类，完全是个人兴趣选择的结果。重要的是享受收藏的过程和体验，而不是用市场的眼光来评断结果。

说说收藏的门槛

我去过许多收藏家的收藏空间，也开了许多眼界。一些人的藏品都价值不菲，例如，米景扬先生（原荣宝斋业务经理）及席挺军先生（杭州恒庐画廊董事长）的书画收藏、胡正文先生（玉器鉴定专家）及刘正丰先生（玉器鉴定专家）的古玉收藏都价值连城；也见识了一些偏门的收藏，市场价值不高，但文史价值很高；还有自己的连环画收藏、瓦当收藏、手串收藏、小件木雕收藏、演出门票收藏，几乎谈不上有多少市场价值，但一样有收藏的快乐。收藏是不必用金钱划分门槛高低的。

收藏确实与财力有直接关系，但财力不是收藏的拦路虎。我主张收藏量力而行，不要让财力妨碍了收藏的乐趣。比如我收藏小人书，自七八岁开始，已经收藏了40年，确实也花费了一些钱，但不会对我造成财务压力。童年也缺买书的钱，但自己想想办法，也就过来了，如今有了一万多册的收藏，也没感觉捉襟见肘的财务压力。我很多收藏都是在别人眼里不值钱的东西，但对我却是有很大价值的物品，并不妨碍享受收藏的乐趣。

我常说："收藏是永远不卖；投资是延期出卖；投机是转手就卖。"收藏的快乐是长期的，这与艺术品市场的投资与投机谋取获利目的是大相径庭的。收藏没有功利性，是一种娱乐身心的修养行

镀金生肖像

台湾精制茶具

台湾高仿青花碗

为，而艺术品的投资和投机基本上是经济行为。多数收藏品会具备转让价值与增值价值，但真正的收藏者收藏的目的往往不是以后的升值，更看重收藏品的传承和延续。如果具备经济实力，把收藏与投资结合在一起进行也是一种明智的选择。但过于看重投资价值就必然减少了收藏的快乐，要清楚艺术品投资是一个周期很长的投资行为，如果以短期获利为目标，就不如选择其他品种投资，艺术品的流通性是远远低于股票、地产、金融理财等活跃品种的。

选择收藏的爱好，实际上是选择一种修养身心的体验方式。只有抛开功利心，才能体会到收藏的快乐及种种感受。收藏不是单纯的花钱买藏品的过程，更主要的收藏过程往往是寻寻觅觅、用心感悟、收集整理、交流沟通、独乐共享的过程，如果总是钱进钱出的过程，套用一句话说，就是太俗了。

许多不用多少金钱就可以开展的收藏，实际上对收藏者意义非凡。可能记载了一个人的一生经历，可能见证了许多重要历史时期，可能记录了一种事物的兴衰过程，可能集合了大自然的造化精华，可能佐证了物品的发展沿革，可能收录了一段不凡的岁月。这些收藏品又哪是用金钱的多少可以衡量的呢！

当代水点桃花文房

第四回

养眼养心亦养钱

说说收藏的本质。

我和朋友聊天，朋友经常问我收藏究竟有什么好处？我简单地概括为：养眼、养心、不小心养钱。这句话实际上也是收藏的本质所在。

养眼，很好理解。就是收藏的物件多是精美的物品或收藏者感兴趣的东西，多数东西是具有美学价值的，也有部分东西是有丰富内涵的。多数情况下，精美入眼是收藏者选择收藏的前提条件。比如一个人收藏书画，一定是收藏自己中意的作品；一个人收藏火花，一定挑选精美的图案。看着就感觉开心和喜欢。一些档案收藏者，收藏的文史资料不见得精美，但在收藏者眼里一定非常珍贵，也是美事。

王尊油画

养心，也好理解。就是收藏者对收藏品的品鉴、探究和感悟的过程，实际上就是滋润心田的过程，这也是收藏活动最精彩的功能。资深的收藏者，往往是收藏种类的专家或半个专家，这是因为收藏是需要兴趣和用心的，即使收藏北京站的站台票，都会比常人多出许多知识和感悟。艺术品的收藏就需要更多的知识、更多的学问、更多的探索，在这个过程中，无意之间就会改变一个人的知识结构和精神气质，可见收藏是一个修养身心的过程，也是积累精神财富的过程。养心就是修养气质。

养钱，也不难理解。多数收藏品都会形成一个独特的交流市场，在这个市场里，有志同道合者的交流、斗宝，也有交换、交

俄罗斯画家安德烈画作

易。一些多出来的藏品会在市场上交易，也就获得了收益。但为什么说"养"钱呢？艺术品或收藏品的市场价值确确实实是"养"出来的。收藏品一般要经历收藏的过程，这个过程如果没有刻意的市场炒作，都需要以年为单位的沉淀期。这就是我说的"养"钱的意思。又为什么说"不小心"养钱呢？说的是收藏者多数没有想过以交易为目的，不知不觉中会突然发现藏品已经大大增值了。越是平和的心态，越会有意外的惊喜。

我于2008年在北京经典画廊买了两幅俄罗斯画家安德烈的水粉画，其中一幅挂在床头，画面是一对中年男女深情依偎在一起的头像，每天看着，越看越感觉画家的功力深厚，那是一种深情和恬静的爱意，弥久永新。每看到这幅画，我都把画面和生活感悟在心里。2012年我在"艺术北京"的展会上，再次看到安德烈（现已担任列宾美术学院的教学副院长了）的绘画，我询问一下价格，已经是我买的价格6倍了。这个小例子就是我说的"养眼、养心、不小心养钱"的道理。

说说收藏要量力而行。

世界上有许多因艺术品收藏而知名的家族，他们的收藏品历经几代人的努力已颇具规模，这些藏品用"富可敌国"来形容也不过分。活跃在各大拍卖会的收藏家也有巨资的藏品。收藏是一种财富的积累是社会的共识。是不是所有的收藏都是在积累财富呢？一定不是。收藏首先是精神财富的积累，其次才是物质财富的积累，甚至物质财富的积累往往是有价无市的。许多藏家的藏品最后都选择了向国家或社会捐赠，这也说明了精神财富的积累是收藏的核心理念，是这批精神财富富有者用他们的收藏品向公众传递人类文明的圣火。由此看来，作为普通的人就更要明白收藏是精神财富的积累，而不是单纯用金钱去换取商品的消费模式。我提倡收藏的原则是：从身边做起，量力而行。

我于1988年大学毕业，分配到中国歌剧舞剧院工作，自此与演艺活动结下了缘分。我开始收集演出门票，到了2008年，我组织中国演出娱乐博览会，我自己整理了我20年看过的演出门票藏品，我发现这些门票清晰地反映了改革开放后，中国演艺市场的沿革过程，从两指宽的1988年天桥剧场普通的座位票，逐渐演进为精美的票卡；从5元钱的门票价格演进到1880元的VIP门票；从国内院团的演出为主演进为国际著名演艺明星频繁出现在中国的舞台上；从普通的剧场演进到国家大剧院。我当时想举办一个20年演出票的专题展示，后因为一些原因未能如愿。但由此可以看到普通收藏的不平凡意义。我的一位朋友收藏可口可乐罐，

凤头手捻儿葫芦

美国印第安风格彩陶

我仔细看了他的藏品，发现可口可乐公司每逢重要体育盛事都会推出专款可乐包装，可以清晰地展示一次次体育盛会。这两个例子说明了普通收藏的趣味性和蕴含其中的意义。每个人都有自己的方便条件，都可以开展伸手可得的收藏活动，并且这些普通的收藏活动见证了非凡的意义。

我主张收藏不要好高骛远，更不要以财力不足为障碍，不能说没有钱就不能收藏。我见过几位收藏瓷片的朋友，没有钱收藏完整的瓷器，就开始收藏碎瓷片，这些人都跑过北京各个建设工地，导致很多农民工朋友都和他们很熟悉，每回挖到瓷片，都会第一时间通知他们，我知道他们都是普通的工薪族，但他们的瓷器鉴定本事都不低。

收藏关键是有一种热爱生活的心态，有钱有有钱的收藏方式，没钱有没钱的收藏玩儿法。何必让孔方兄束缚了自由的心，乐在其中就是好收藏。

第六回 慨叹莫如起来行

说说收藏的起步。

2009年我去苏州出差，顺便见几位苏州演出界朋友，喝酒吃饭之间又谈起了收藏话题，一位电影院经理感慨说："现在才想起搞收藏，下手晚了，已经没有什么低价的东西可以收藏了。"我很不同意这位经理的说法。我对这位电影院经理说："你不必去收藏苏绣、苏造家具，你可以收藏电影海报。"他恍然大悟。他说："有道理，现在的电影海报很精美，每回都送给影院10张、20张，我们用不完，都卖废品了。"这个例子就说明：收藏就在身边，收藏伸手可为，不必遗憾错失了时机。

一个人搞收藏自然是越早越好，因为收藏是一个积累的功夫，但何时着手都不晚，收藏有趣之处就在于此。今天就比明天早，收藏是开始累积精神财富，是以一种更积极的生活态度面对未来，不必感慨过去的遗憾、过去的机会、过去的错失。这种心态的调整，如同佛家所说的"回头是岸"。

我在2007年结识一位刚刚开始收藏良渚古玉的朋友，2011年再次见到他时，已经成为有模有样的半个收藏家了，看看他的藏品也积攒了不少代表性的品种，尽管精品不多，已经感觉到一定的自信，从原来的默默无语变得如数家珍了。这就是收藏对他的改变。上海还有一位收藏寿山石的朋友，接近退休才开始收藏，如今退休后，每天鼓捣自己的藏品，还担任了收藏协会的职务，每天忙得不亦乐乎。可见闻道有先后，术业有专攻，何必以时间长短论英雄。

印章

收藏不是赶时髦，一定是心有所感才有意义。关键在于体会收藏的过程，而不是追求收藏的结果。如果被别人的收藏成就吓住，就永远没有收藏的开端。不怕下手晚，就怕总旁观。根据自己的兴趣、身边的环境、自己的阅历、自己的精力和财力，选择一项或几项可着手的物品，就可以开始收藏了，不用忌讳不懂规矩、不懂专业，只要能够感受到收藏带来的乐趣，就可以放手而为。更不要顾忌什么身份、脸面，快乐是自己的，谁都不是天生的专家，时间长了，收藏者就会拥有自信和知识。最重要的是收藏会让生活多一个世界，多一些情趣，多一份牵挂，多几分对生活的热爱，多一个色彩斑斓的天地。

日本手工瓷果盘

日本手工瓷盘

第七回 以我为主有定规

说说收藏的适当交流原则。

收藏是一个从无到有、逐渐积累的过程。在这个过程中会不断地与外界交流学习，探知自己不懂的、寻求收藏的信息、了解市场的行情、结识同趣的朋友等，都是交流的过程。在这个过程中，需要把握以我为主的原则，不要随波逐流。

收藏的爱好是丰富内心、娱乐自我为目的的，不要过多地受他人影响，走上一条外界规则制约的路。这最主要的误区就是盲目受市场导向抉择藏品的去留。收藏者最重要的品质是有自己的原则，不要一味地追求市场追捧的收藏品。收藏品市场是一个滞后的行情，受益者是那些在没有出现行情就已经开始某类物品的收藏者。比如第三套人民币，处于流通期时，没有人认为钱能生钱。有眼光的收藏者是出于对第三套人民币图案的喜爱而保存下来成捆的新币。三十年后迅速增值，也不是什么稀奇的事情。

许多收藏品是一辈子、甚至几辈子都很难出现市场行情的，但不妨碍收藏的乐趣。比如汉陶的收藏，造型大气、款式多样的汉代陶器具有很高的文物价值和历史价值，但一直没有出现良好的市场行情，比起后来的几大官窑瓷器，其市场价格几乎可以用九牛一毛来形容。但不能说汉陶的收藏就没有价值。只要收藏者为古代陶艺所折服，能够与古陶有精神方面的交流，就是值得收藏的品种。

我一直提倡"适当"交流，就是强调收藏的个性化。人云亦云，只能不断地跟着别人的屁股后面跑，最后弄得没有任何自我，

汉代陶罐

将进入收藏的人民币

这样的收藏是变味的收藏，不搞也罢。多数收藏者还是愿意与别人分享收藏的快乐的，也衍生了收藏领域的斗宝、斗气现象，这又走向了收藏的一个极大的误区。本来收藏是为了自我娱乐身心，一旦"斗"起气来，往往没有好的结果，这与收藏的初衷形同陌路了。

适当交流是指在信息、感受、悟性、知识、眼界、情谊方面的交流，收藏需要这样的交流，需要分享知识和快乐，但仅此而已。一旦突破这些界限，就违背了健康收藏的宗旨，会导致诸多负面的问题，也会把收藏变成烦恼的源泉。我收藏连环画多年，从未参加过连环画的拍卖会和交易会，也会听连友讲讲有关情况，但不参与其中。我从来就没有想过用自己40年收藏的过程去交换人民币，那些拍卖纪录对于我就是浮云。这不是什么清高或自闭，因为健康的收藏就是修养身心的事情，何必为钱所累！

第八回

美不胜收也要『收』

说说收藏的品种控制。

收藏世界就是大千世界的缩影，无奇不有，无所不在。每个人都可能开创出一个独特的收藏门类，这就是收藏个性化的体现。在纯粹收藏本质意义上讲，只要有存储空间，一切都可收藏，最近一些网友开始做某一种类的图片收藏，更是大大扩展了收藏存储空间。尽管收藏无限，一个人的精力、财力、能力都是有限的，特别是实物收藏，还是要掌握收藏的品种少而精的原则，量力而行，避免多元化收藏带来的不胜其累。

收藏者基本上是对世界美好事物热爱者，也要知道收藏的私有性和占有性是有限的。世界上美好的事物太多了，只能学会鉴赏和欣赏的心情对待，不可能都收为己有。控制好收藏品种才能有一个良好的心态，才会真正体会到自我娱乐与大众共享的平衡心理。

我去过几个企业家的收藏室，更说明理性收藏与盲目收藏完全是两回事。有的企业家自己建设了企业博物馆，企业家本人一年都没有走进去一两回；有的企业家用仓库堆放收藏品，厚厚的尘土告诉我这是遗忘的角落；先不说这些收藏品的真伪，仅说这种收藏方式就流于形式，已经失去了收藏的意义。如果不能经常性地和藏品交流，心里对话，就不再有收藏的乐趣。四川一位建私人收藏博物馆的企业家，带我参观时看到在博物馆门前排出一个长队，我看都不像观众，企业家告诉我都是来向博物馆卖艺术品的，我真是无语。杭州一个企业家请我过去，准备建设一个博物馆群落，我参观

中国人偶玩具

日本玩具

海南椰子壳工艺品

十几间堆满收藏品的大仓库后，非常震惊，上到青铜器，下到绣花鞋，像家乐福超市一样的货架堆得满满的，他准备建十几个博物馆。这几个例子可以看到几乎疯狂的收藏热情，但这还是理性收藏吗！

　　普通人的收藏一定要避免多元化收藏误区。我个人也犯这样的毛病，见到喜欢的东西，就想买回家，家里空间有限，又开始往办公室堆放，时间久了，已经忘记了许多藏品。我有两箱贝壳、四箱瓦当、万册连环画、几千册图书、不少书画、不少小件瓷器，这往往是普通收藏者最容易犯的毛病，不能说是错误，但会逐步失去收藏的良好心情。自2000年起，我不再收集贝壳、大件物品，开始一点点梳理现有的藏品，才体会到理性收藏的乐趣。逐步把收藏兴趣集中到连环画和几个品种上，不仅节省了开支，更重要的是能够专心体会藏品带来的交流心得。把物品变成沟通的对象。按能力收缩收藏范围，形成特色，是普通收藏者理性的选择。

第九回 卓尔不群立于林

说说大众收藏品的特点。

大众收藏品是指形成普及化收藏市场的收藏品种，主要有书、报刊、邮品、票证、标卡、钱币、纪念章、石料、植物果核、火花、把件、摆件、雕刻、连环画等品种。这类收藏品具有以下特性：（1）普及性。大众类收藏品与日常生活密切相关，收藏来源相对容易，价格偏低，便于普通收藏者着手收藏，并且生活中拥有数量众多，容易构成市场规模。（2）交易活跃。大众收藏品因为存世数量多，价格不高，又便于大众识别鉴定，拥有庞大的收藏队伍，故而能够形成普及化市场，并且保持交易活跃。（3）交易价值滞后。除了少部分藏品处于新品时就有不错的交易价格，多数藏品都往往滞后一个时期才具备交易价值。例如连环画、人民币、邮票等都有明显的交易滞后期。一般要推后10年左右才有明显的增值价值。（4）增值平稳。大众收藏品因为存量大的原因，增值速度是缓慢增长的，跳跃性不大。（5）收藏难度不大。因为存量大和市场交易活跃，此类收藏相对容易，只要用心和资金宽裕，很容易形成初步收藏规模。正是以上特性，决定了大众收藏品种比较适合普通收藏。

分析以上特性在于揭示一个道理，就是收藏者要意识到如今身边的许多物品都可能成为明天大众收藏品市场的主流品种。比如连环画、粮票、人民币等皆是以前天天打交道的东西，假以时日，就成为收藏者的宝贝。那么，眼下哪些东西值得关注呢？万变不离其宗，开篇列示的种种形式的物品都具备收藏价值。比如银行卡、手机充值

连环画

卡、各种门票、冰箱贴等都会成为未来收藏的趋势。许多东西如果你见过一款，感觉有兴趣，如果再见过两款、三款，就预示着有收藏可能。

　　大众收藏品是最适合普通人收藏的品种，上手容易、信息繁杂、资金有限、规则明确。一般不会造成重大的资金压力和存储压力。但大众收藏品也存在数量海量的问题，明智的收藏者可以专攻某类中的某个系列，保持一定的特色，免于陷入盲目收藏的困境。一般说来，可以按照出品机构、地区、地域、年代、领域等条件选择系列，比如纪念币的收藏，最好按照可流通纪念币系列来收集，又如邮票可以按照某一题材或主题来收集，这样会容易些，也会形成特色收藏。著名电视主持人崔永元侧重电影版连环画的收集，也在连环画收藏中独树一帜，也免去了海量收集的诸多麻烦。在大众收藏系列中，保持特色尤为重要。

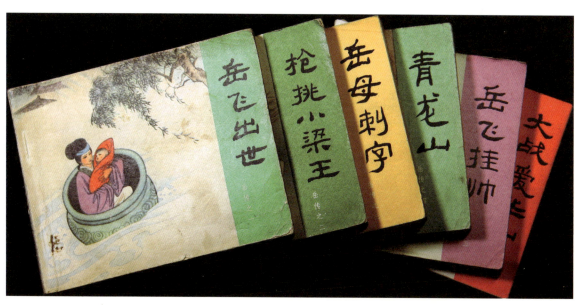

连环画

第十回

多看多听少冲动

说说收藏的静与动。

在收藏（指在市场中收购藏品）过程中不走弯路的人不多，没有向市场上交过学费的人不多。这并不是说收藏活动步步惊心，恰恰说明收藏活动的魅力所在，收藏是具有挑战刺激的事情。初入收藏领域，不妨多读些书、多跑跑路、多动动口、少动动手。否则，就要不断的交学费、花冤枉钱。

我经常去一些古玩市场逛，目的就是了解市场，了解信息，静静地看，静静地听，慢慢地聊。看得多了、听得多了，就长了不少见识。但这些也是逐步学会的，也经历了不少哭笑不得的故事。1995年我随文化部"重走长征路"组委会赴几省演出，在都江堰的一个艺术品市场第一个店铺看到一对很特殊的古玉雕件，我非常喜欢，就买了下来，接下来几个店铺我都看到了同类的东西，我侃了一会价格，就已经达到了我买价的50%，花了一回冤枉钱。后来我跟随王铁成（电影《周恩来》中周恩来扮演者，也是收藏家），跑了几个古玩市场，听了他传道解惑，才对收藏市场有了初步认识。观察和了解非常重要，莫要急三火四地动手，收藏活动实际上是非常磨练性情的。

也同样是发生在"重走长征路"过程中的事情，歌唱家韩延文拉着我一起买了一串十八罗汉头像的玉石佛珠，花了180元。回北京后，我在天坛公园又见到地摊上卖一样的佛珠，我问多少钱，小贩的回答是18元，我哭笑不得。后来我讲给韩延文听，她"义愤填

仿制古玉雕像

仿制古玉雕

仿制古玉雕件

赝"，非要我赔偿她的精神损失费。说这个例子，是提示初级收藏者，多看、多问是多么重要。不要过于冲动，次数多了，就享受不到收藏的乐趣了，真如例子所说，还要造成精神损失。

多看是多了解收藏品种的大体行情和藏品的多寡，多听是看看别人如何评论和砍价，时间长了，就基本掌握了要点。有朋友说："一些物品的价格连加工钱都不到，这样的东西是假的也值。"这样的说法也值得商榷，"买的没有卖的精"是至理名言。在市场上选购藏品一定要非常小心。谨慎出手是收购收藏品的不二法则。大众收藏品在收藏市场还是可以购买的，但如果从事高端收藏，在市场上更要加倍小心。我听众多专家告诫，古玩市场和艺术品收藏市场已经无"漏"可捡。绝对不能抱着侥幸的心理去碰运气。多看、多读、多听，少动手是初涉收藏领域的收藏者应信奉的重要原则。

说说收藏的故事陷阱。

在收藏圈里最不缺的就是故事。不仅有收藏者收藏过程的故事，也有藏品的故事，还有许多编出来骗人的故事，我统称骗人的故事为故事陷阱。

故事陷阱主要讲藏品的来源，一般要把藏品说的传承有序。编故事的人有两种，一种是高水平的；一种是低水平的。低水平的容易识别，只要不贪心，就基本不会受骗。这类故事的特点一般是无意之中发现了一个宝藏，急于出手，又怕国家没收，希望私下低价出让。高水平的故事就比较复杂了，没有太高的警惕性，往往容易掉进陷阱。这类故事编造的水平很高，引用的故事背景多数是有据可查，故事逻辑性很强，赝品工艺很高，一般的收藏者难以识别真伪。一些文物诈骗集团，不仅会把故事表演的合情合理，还有一点可怕的是不惜用长期的时间编织一个陷阱，可能是一年，也可能是三年、五年，许多资深的收藏者都有上当受骗的经历。还有时是高智商的编故事，低智商的表演，一些专家都容易掉入陷阱。

我一位朋友在外地出差，经熟人介绍结识了一个秘密团体，这些人说是当年闯王李自成的宝藏护宝人后代，生活条件极其清苦，但他们信念坚定，忠实履行前人对闯王的承诺：人在宝藏在。已经历经十几代人，现在为了护宝后代的妇女儿童的正常生存，集体决定拿出几件宝贝换点钱。这位朋友在自愿的前提下，蒙上双眼，做了很长时间的汽车，来到一个村子，被带入一个地下宝库，堆满了金银财宝，他

俗气的工艺瓶

被允许用手机拍了几件翡翠的照片，受护宝人的委托回到北京寻求买家。这位朋友是名牌大学毕业生，又是地方政府官员，他本来也不相信，但又不能不信，眼见为实嘛！他把照片发给我，我请专家判断一下，翡翠珠宝是假的。更有甚者，一位拍卖行的专业人士目睹了一批据说是慈禧太后在八国联军进京前转移隐藏的珍玩，据这位朋友对我说，如果这批东西得到认证，将改写中国两个故宫文物记录历史。这位朋友对我说，他从来都不相信收藏的故事，这次他含糊了。

在以后的文章中，我会结合具体的收藏种类讲一些真实的骗人的故事，名堂繁多，花样常新，让人防不胜防。这里主要提示收藏者提高警惕，提高专业素养，只认东西，不听故事。任凭风浪起，稳坐钓鱼船。只要不具贪念，自然会破灭一切幻象。

今仿玉璧

第十二回 不贪馅饼躲陷阱

说说收藏勿起贪念。

自古以来，一个"贪"字，颠倒了众生。欲望永远不会满足及占便宜的心理，让世人难以跳出"贪"念的圈子。在收藏界更要谨防贪念迭起，以平常心搞收藏，不相信天上会掉下一个大馅饼砸到自己头上。一旦起了贪念，大"馅饼"就会变成大"陷阱"。

讲两个真实故事，看看是什么导致了馅饼变成了陷阱。

一是发生在普通收藏者身上的故事。我以前的一位同事、也是不错的朋友，平时喜欢收藏，随乐团赴西安演出，闲暇之余，跑到西安的古玩市场淘宝。过来两个人，先吹捧他一番，说一看您看东西的眼神，就知道您是行家。得，货卖识家，我们这有一尊宣德炉，不敢公开贩卖，不知您是否有意。我这位同事认真看了半天，又仔细听了合理的故事，就侃起来价钱，最后议定五万元（当时市场价格是30万元左右）。这位同事几乎借了所有人的演出劳务费，买下了这只宣德炉。回到北京去了琉璃厂，找了专家鉴定，专家说看不大好，另请别人看看吧，又请一位专家，回答也是一样，这位同事当时就无语了，像霜打的茄子一般。

另是发生在北京市一个博物馆，博物馆的专家逛潘家园市场，看到几件北魏造像，询价下来，十分便宜，几件造像的总额不过拍卖市场上的一尊造像价格，又约请几位专家共同"掌眼"，均认为是真品，于是全部买回博物馆，后来还是感觉太便宜了，又邀请更多的专家"会诊"，才断定买了赝品。

今仿宣德炉

这两个例子说明一个问题，捡漏和贪图便宜的心理占了上风。我那位同事，可能真的看不懂真伪，但如果理性一些，就会断定不会捡到几倍价格的便宜；博物馆的专家，如果理性一些，一定会看出真伪，但是捡漏的心理蒙蔽了几位专业人士的双眼，以为卖家是农民，不成想"大智"输给了"大愚"。可见贪心贻害无穷。

俗话说："有骗人的，就有上当的。"多数骗人的伎俩就是利用"贪"迷心窍。用合理的故事铺垫，设计一个不合逻辑的获利结果，致使众人折戟于贪念。收藏者时刻要提醒自己，没有好占的便宜。收起贪念，理性面对砸过来的馅饼，才能躲过挖好的陷阱。说收藏修养心性，就包括除去贪念，收藏市场就是磨练贪念的试验场。不要相信奇迹发生。一位玉器鉴定专家告诉我："如今的中国，全民都看鉴宝类节目，都知道古物值钱，哪里还有捡漏的机会。"

第十三回

春江水暖借东风

说说媒体对收藏的推波助澜作用。

尽管中国出现收藏热是早晚的事情，但以中央电视台《鉴宝》栏目为代表的诸多收藏类电视节目对中国出现收藏高潮起到了巨大的推动作用。一时之间，《鉴宝》栏目成为收视热门，争奇斗艳的宝贝和巨大的升值神话，激起了全民收藏的热潮。各省电视台也纷纷推出类似的收藏节目，看得大家心跳血热，恨不得挖地三尺，能够找出一件祖传的宝贝。可见媒体的力量是空前的。

2007年，文化部文化市场发展中心艺术品评估委员会和中央电视台罗晰月主持的《鉴宝》栏目共同搞一个内部联谊会。罗晰月问我对《鉴宝》栏目的看法，我这样回答的。其一，《鉴宝》对文物知识的普及和对中国传统文化的回归起到的作用是功德无量的；其二，《鉴宝》是文艺类栏目，应该突出娱乐性和普及性，应避免在鉴定评估学术上做更多的结论性引导。后一点是我认为艺术品的评估是综合性的科学体系，不适合依靠几位嘉宾做出正式的结论，容易引起学术争议，也会出现误导的可能。而前一点是需要特别肯定的，就是《鉴宝》栏目唤起了全民对艺术品的重新认识，让大家关心、爱护那些凝聚中华文明的器物。我把《鉴宝》栏目说成功德无量，绝不是违心之语。我是针对文化大革命对传统文化的"浩劫"而言的。文化大革命只有"浩劫"一词可以概括其破坏力，几乎全部文化遗产都经历了生死洗礼。而《鉴宝》栏目普及性地给全民补上一课，告诉大家要珍视文化艺术品的宝贵价值。说其功德无量并

藏式手刀

珊瑚石饰品

西藏佛教法器

烫画工艺葫芦

不为过。

但是，观众应该客观看待电视收藏节目，不要把电视节目当作收藏的指南。一般的电视节目有特殊的制作要求，为了吸引观众，需要做节目编排，要有故事性和悬念，要有噱头和高潮，甚至要有专家和现场观众的争辩表演，娱乐性为主，学术性为辅。如果观众按照电视节目的方向搞收藏，会发现不是一回事。总有朋友问我北京电视台《天下收藏》栏目，王刚护宝锤砸坏的物品都是赝品吗？我可以肯定的回答：一定是赝品。一个栏目有一个栏目的规则，但栏目就是节目，不能全部当作生活实景，这也是我提示收藏爱好者不要跟风电视栏目搞收藏的原因所在。

令人欣慰的是，一些新推出的收藏类电视栏目越来越还原收藏的本源了。那些过于炒作的栏目会步履艰难的。

第十四回 同床异梦看市场

说说收藏与艺术品投资、投机的区别与联系。

首先要声明，许多个性化收藏是与投资、投机没有任何联系的，这一类个性化收藏是很纯粹的收藏，目的单一，只为了个人的兴趣，几乎没有考虑过经济利益。这类收藏是最值得尊敬的爱好。比如与家庭、个人阅历、个人情感相关联的收藏，只为了满足自己的兴趣，不会用于市场交易。

大众化收藏尽管收藏者不见得以交易为目的，但存在很好的市场基础，就与经济利益伴生了联系。我认为艺术品收藏市场可以划分三类人，一是收藏者；二是投资者；三是投机者。这三类人共同构成了艺术品收藏市场的主体。

三类人的区别可以简单以最终交易态度来区别：收藏者一般是只买不卖；投资者是延期出卖；投机者是买了就买。收藏者并非绝对的只买不卖，但卖的目的是以藏养藏，最终目的还是收藏。投资者也很复杂，可能伴随着对艺术品喜爱的成分，但终极目的还是经营利益。投机者动机比较单纯，就是在短线交易中获得经济利益。如果用股票市场来比喻这三类人，收藏者更像股东或股票永久持有者；投资者更像中长线持有者；投机者就是短线交易者。

三类人的联系也很有意思，共同构筑了一个市场，缺一不可。收藏者代表市场的终极需求，投资者和投机者构成市场的活跃性。投资者、投机者越多，艺术品市场越活跃，投资者是稳定市场的主力，

傅抱石《屈子行吟图》

投机者是活跃市场的先锋。三类人共同指向的市场客体都是艺术收藏品。收藏者对投资者和投机者是爱恨交加。爱在因其启动了市场行情，即使不想出卖，也有一个价值的预期；恨在因其导致了进退两难，买太贵，卖不甘。投资者和投机者营造市场行情的同时，也营造了市场风险，这两类人导致艺术品市场起伏不定，没有良好的心态，很难在艺术品市场上立足，很多人对艺术品市场看不懂，多拜这两类人的作为所赐。

艺术品收藏市场面临一个最大的根基问题，就是这个市场是文化市场，文化市场的供需双方都建立在非刚性需求之上，即非必须生活品需求之上，所以注定了艺术品收藏市场是一个相对脆弱的市场。从这个角度讲，收藏者是最无需担忧风险的，而投资者和投机者会饱受市场行情困扰。无欲则刚，是收藏者的修养，而投资者和投机者，是为欲而来，恐怕永远要在风浪中保持风险的意识。

第十五回 见仁见智皆相宜

说说收藏鉴定的门户之见。

中国历史上的百家争鸣，开创了中国哲学思想史的学术辩论先河。学术之争，古已有之，实在是平常不过的事情，但是自己的见地能否成为放之四海而皆准的真理，就不是靠雄辩和批判他人的能力来决定的，因为真理是需要检验的。

文物收藏品的鉴定极为特殊，很难做出完全科学的鉴定结论，就更需要有一个包容的态度和环境。我们常说，有学问的人就是能够自圆其说的人。自圆其说的前提是理论假设成立并且少有局限性，社会是由有思想的芸芸众生组成的，由于阅历、学识、境遇、环境等文化背景的不同，人们的世界观自然不同，如果说还有哪些是相同的，就是体现人类共同的社会意志是趋同的，反对战争、尊重人权、保护环境、反对倒行逆施、反对反人类、尊老爱幼、善良、诚信、爱美、责任、感恩、宽容等是世界绝大数人追求的理想社会，至于细枝末节的问题，恐怕永远难以趋同。但是，门派之间、门户之见、党派之争、宗教之争从来就没有间断过，这也是这个世界多彩和喧嚣的原因。文物艺术品的鉴定因历史久远、记述无序很难做出百分之百的满意结论，有不同的见解也是非常正常的事。

门户之见可以存在，但不能强迫他人一定要接受自己的观点，否则就要逆我者亡。遗憾的是门户之见变成了同行相倾，变成了互相诟病，变成了人身攻击。完全改变了学术争鸣的初衷，思辨是为了明理，不是一群地痞争地盘。我们常笑台湾议会的肢体交加，可是我们又有足够的

范曾补张大千《二老论道图》　　　　　张大千原作

宽容吗。同行之间，不能同台开会，不能齐肩并行，不能容许客观评价他人，这不是很狭隘吗！

条条大路通罗马，没有终极的真理，没有绝对的权威。我们经常怀念那些大师们，说今天是不会产生大师的时代。何谓大师？大师不仅有学识，更重要的是大师有智慧，大师有胸怀，大师有治学和做人的严谨和宽容。执着门户之见的人，不是平常人，正因为有了一些见解，有了一些成就，有了一些拥趸，便飘飘然，便生出棱角，摸不得更碰不得，这样的人如何让人信服，如何成为权威。虚怀若谷是超越自我的不二法门。

此外，要防止金钱主导专家或鉴定机构的倾向，对这类不负责任的鉴定行为是不能包容的，也是应该口诛笔伐，断其存在土壤的。

图注：张大千先生原作为一人一树，米景扬先生请范曾先生巧妙地改造了原作，变为两人两树，珠联璧合，相得益彰，此乃一段世纪画坛佳话。

第十六回

诚信不足酿危机

说说艺术品收藏市场的诚信问题。

当前，国内文化艺术品市场充斥着制假、售假、拍假等不良现象，严重影响了我国艺术品收藏市场的健康发展和国际形象，对构建社会主义和谐社会、贯彻落实科学发展观等都产生了不良影响。因此，规范和引导艺术品市场，包括文化艺术品收藏市场的健康发展迫在眉睫。主要的原因在于诚信不足。

中国社会一直依靠道德的力量规范诚信问题，这不是不对，但如果仅仅依靠道德的力量是解决不了当前的诚信问题的。中国近几百年灾难深重的历史，导致了信仰的缺失。"文化大革命"的"浩劫"，更导致传统文化力量的削弱。道德沦丧成为社会的大问题，人与人之间缺乏足够的信任。导致市场交易行为变得风险重重。

法国 18 世纪画作

在过去的收藏历史中，就伴随久远的造假问题，这样的行为一直没有得到纠正，反而强化了艺术品鉴定的需求。在国内，造假、售假、拍假者无罪，被蒙蔽者活该。这种情形如果一直延续下去，需要收藏者得具备多少只"火眼金睛"呢！无论是收藏市场，还是其他市场，中国社会将为诚信问题付出巨大代价。诚信问题已经拖缓了中华民族前行的脚步。

有人说：收藏市场的有趣恰恰在于鱼龙混杂，乱中才有机会。我并不认同这样的观点。在一个规范的市场里，一样有机会，而且还节省了信用成本。目前，为了完成一笔艺术品收藏交易，买卖双方都要花费大量的心思证明其交易是诚信的，实际上大家都是顶着不信任嫌

烛台

疑人的身份在做交易，买方疑虑重重，卖方捶胸顿足，可见多么的滑稽和无奈。

解决诚信不足问题有两个途径，就是国家信用体系的建设和用法制的力量来规范市场。信用体系建设就是对艺术品经营者建立信用评级体系和建立"黑名单"；依靠法制力量就是对不良行为给予严厉的惩戒。乱世须用重典，在如此混乱的市场秩序中，以巨大的犯罪成本来扼制不诚信行为。并不是外国人思想觉悟有多高，是国外的诚信犯罪所需付出的成本很高，没有人愿意在信用成本上以身试法。

道德规范是有局限的，只能规范知书达理之人和有信仰的人；法制的力量也是有局限的，但能够解决现阶段明目张胆挑战道德底线的人。双管齐下才能解决目前的诚信不足问题。而且到了必须解决的时候了，再不解决必将酿成整个民族的危机。

第十七回 法制规范成方圆

说说收藏市场的法制建设。

2007年，文化部文化市场司开始着手制定《艺术品经营管理条例》，我参与了其中的工作，国家领导数次批示要早点出台艺术品市场的法规，但是非常遗憾，此事一拖再拖，也许最近两年能够出台此条例。

艺术品市场秩序混乱，其本源问题是诚信问题。但从法律上解决问题，关键要找到不诚信行为的法律依据。我们分析了艺术品市场种种问题，基本找到了解决路径。在造假这个环节很难突破法律需要认证的依据。比如，个人或机构造假，如果不能找到赝品当真品卖出的证据，就很难追究其法律责任。艺术品造假还不同于商品造假，商品造假最起码有商标为证，而艺术品造假，就很难找到有力的证据，即使伪造的艺术品有明确的仿造标志，也可以用仿制或临摹的借口开脱。那么重要的规范环节就只能在流通的环节解决。在这个环节也需要有明确的证据，简单依据发票或口头证词很难定论。那么，在艺术品市场管理的要求中，就必须要求提供相关的交易文件，这些文件无论是创作者的、中介机构的，还是经营机构的都可以，文件会指明艺术品的性质，这将是用于法律规范的前提。说简单些就是谁出文件谁负责。管理条例要解决的问题就是法律责任的溯源问题。这将是法律介入艺术品市场管理的重要突破口。

艺术品市场的管理与当前艺术品市场发展的状况不相宜。有人说市场一管就死，一放就乱，有人说艺术品市场发展很快与管理没

油画家钟鸣画作

有相应跟上有关系。这句话有一定的道理，但今天的艺术品市场如果还放任自流，可能会出现大的回潮。如果诚信问题不解决，可能艺术品的投资将被阻断。艺术品消费者不能在一个充满风险的市场上消费，实际上已经有许多上当受骗的投资者和消费者都退出这个市场了。时间长了，就会造成艺术品市场跌落低谷。

法治介入规范，实际是确定一种市场秩序和市场游戏规则，不能放任造假、售假、拍假、假拍行为的泛滥。当今的艺术品市场是文化市场的主要构成部分，也是逐渐扩大的、最具发展潜力的文化市场，用法治规范秩序，用道德约束操守，才能营造诚信的经营环境，促进艺术品收藏市场良性发展。

第十八回
行走高端不胜寒

说说高端收藏的风险。

　　高端收藏是指针对名人字画、瓷器、玉器、珠宝、青铜器、贵金属、红木家具等高价格艺术品的收藏行为，因为单件价格高昂，故称为高端收藏。高端收藏需要具备足够的财力，支付费用小至万元，高达千万元以上，因此，在目前市场缺乏诚信的状况下，更具有很高的收藏风险。

　　举两个真实例子，看看高端收藏的风险。第一个例子是某省一位企业家大量收藏青铜器，按照国家法律，青铜器是禁止类交易品种，但这位企业家收集了上千件青铜器。邀请评估鉴定机构到家里鉴定。专家看后没有发表意见，企业家的妻子送专家们到宾馆休息，一再询问真伪。专家只好如实相告，没有一件是真品。妻子回家后告知企业家，企业家当时心脏病发作住进医院。第二个例子是一位南方省份的企业家，在省会城市的拍卖会上，以高价拍得一幅徐悲鸿《奔马图》，送到评估机构鉴定，结果是赝品。企业家非常气愤，对我说：这不是钱多少的问题，是非常丢脸的事情。这样的实例可以举出很多，说明高端艺术品收藏更是风险重重，需要十二分的小心。一旦买错，经济损失和精神损失都是巨大的。

　　艺术品造假也有高低之分，高仿造假一直在国内几个地方如火如荼地进行着。这些作伪者，手艺精湛，天分不低，熟知真品的各种特征，所制造的赝品，可以蒙混多数人。高仿本来是博物馆专门用于

高仿青铜鼎

徐悲鸿《九方皋》

替代展品和限量复制销售的产品，但拥有高仿技艺的人在民间大有人在。因为真品市场价格很高，所以，高仿作品成为谋取暴利的手段，一些不法分子活动的很猖獗，各种高仿艺术品层出不穷，严重地扰乱市场。而一些收藏者又无视国家禁止买卖文物的规定，愿意私下进行文物交易，给不法分子造就可乘之机，上当受骗后也不敢报案。

从事高端艺术品收藏，一定谨记不能忽视法律做地下文物交易，也要请专家提供帮助。不能认为高价或正规经营机构就能保证质量。我也结识一些人士，有仿启功的高手，有做唐三彩高仿的高手，有做高仿古玉的行家，他们有一个共同特点，不以为耻，反而为荣。都颇有些大师的风度。不能否认这些人是行家里手，但如果能堂堂正正声明出售的就是高仿品，也会有不错的收益，但很遗憾，这些人都成为扰乱市场的因素。写这些内容的目的就是提示高端收藏者不可掉以轻心。

说说高端收藏的缘分。

我所在的艺术品评估委员会在2011年停止了对个人藏品的鉴定业务，主要原因是个人委托业务人有相当一部分人很难缠。常常带着"国宝重器"来要求鉴定。绝大多数都是赝品，但这些人对鉴定结论不依不饶，一定要鉴定为真品，不达目的绝不罢休。为此，我们决定不再提供个人委托鉴定业务。

一位资深瓷器鉴定专家给我讲了一个工作中的案例，一位来鉴定瓷器的先生，带来三件"国宝"级瓷器，还带来两本瓷器书，请专家们鉴定。这三件瓷器，一件是台北故宫的镇馆之宝，两件是北京故宫的镇馆之宝。几位专家独立看过之后都给出赝品的结论。这位先生情绪非常激动，翻开图录对专家们说："你们的结论是错误的，你们看看这些图，一模一样，怎么可能是假的！"专家们耐心解释也不奏效，这位先生一再强调是专家鉴定错误。这位资深专家讲了一席话，化解了现场的紧张局面。专家是这样说的："国宝级官窑看到一眼都是一个人的缘分，现在故宫开放了，让参观故宫的人有机会近距离观赏到这些国宝。但这些国宝是硕果仅存的精品，所以才定为国宝。即使我们这些专业研究人员都难得亲手触摸一下这样的文物，这是需要缘分的。你可以想一想，你先后用一年的时间，就用很便宜的价格收集了三件国宝级官窑，你需要有多大的缘分，这三件瓷器，至今还分存在两个故宫里，每一件都价值连城，怎么可能区区几十万块钱就被你收集在一起？"这番话可能说醒

吴作人《任重致远》　　　　　　　　　　凡·高《向日葵》

了梦中人，收拾好东西默默地走了。

　　我认为这位专家说的很精彩。这番话可以送给部分收藏者，防止头脑发热，连连对照图录收国宝。我经常遇到一些人拿出自己的藏品和高拍卖纪录比对。一次一个收藏者对我说，千万别信故宫的说法，我就有七件精美的哥窑，任何一件都比故宫的好。我简直不知如何答对。我因工作的关系有幸见识了几位真正藏家的珍品收藏，但都是有许多机缘才成就了这些收藏的。比如米景扬先生，是家庭、工作的多重机缘和他不懈努力一辈子才造就了今天的收藏。我也同样看过一些近年才开始收藏的藏家藏品，一位藏家给我展示了160张某著名大师的作品，我认为几乎没有真品。因为，刚刚开始收藏的这位先生已经难以有机缘获得如此多的珍品了。我愿意相信那位资深瓷器鉴定专家的话，顶级的艺术品近距离见到就是缘分，能够自己轻易拥有时，一定提醒自己是不是该有这样的缘分。

第二十回

漂洋过海复东归

说说海外艺术品回流的收藏。

中国艺术品收藏市场的迅速发展，带动了中国艺术品价格的大举飙升。以前各种原因流转在国外的艺术品开始回流国内，收藏者也把寻求藏品的眼光瞄向到海外回流艺术品。

海外有多少中国艺术品，准确的数据难以评估，但是存量相当巨大是肯定的。当年外流的艺术品主要有如下渠道：(1)古代海外贸易。中国多个朝代处于盛世，海外贸易及丝绸之路历史久远，当年无论是以货易货，还是采购贸易，中华特色的工艺品都是主要商品；(2)新中国建国初期，国家几乎每年以百万件的文物出口贸易获得宝贵的外汇收入，总体流量要以亿件计量，文物及工艺品是当年外贸的主项商品之一，应该说艺术品对新中国的建设起到过重要作用；(3)强取豪夺。晚清到民国期间，尽管国运江河日下，但却出现了逆势的收藏热潮，战争掠夺和大肆的文物私下交易，外流的艺术品不计其数；(4)国民党战后败走台湾。不仅故宫精品尽入宝岛，同期撤走的将士、商人、士绅也带出大量文物艺术品；(5)华侨和华裔携带；(6)国外商旅正常购走。改革开放前，国家对文物采购采取管制，外国人有权购买，国民无权购买，各地文物商店、工艺品公司、友谊商店都开展面向外国人的文物、工艺品交易；(7)改革开放初期，面向海外商旅的私下文物、书画交易；(8)外交馈赠。国家与前苏联等前期建交国家的交往，都伴有多少的艺术品馈赠；(9)国内人员出国携带及海外创作；(10)其他渠道。大量的中国艺术品流失在外，其中

傅抱石《满身苍翠惊高风》

傅抱石《西风吹下红雨来》

不乏精品。

　　这里不讨论艺术品流转国外的得失祸福，只说收藏者如何择收这些海外艺术品。(1)参加国外举办的拍卖会。一般价格都不高；(2)委托国外艺术品经纪人收集。这种方式只要选对有信誉的经纪人，远比自己到国外购买效果好；(3)到国外古玩店选购。这种方式需要有语言优势，并且有充裕的时间和专业知识。注意在对中国比较了解的国家或华人聚集多的城市，选购艺术品要小心。近期发现在亚洲一些国家也开始出现赝品，来源不好断言，但和国内大举收藏海外艺术品趋势有关。如果没有方便条件去国外购买或拍卖，也可以参加国内有信誉的拍卖公司组织的专场拍卖会。这些公司定期会到海外征集中国艺术品，多数品质还是有保证的。不过要注意，在国外收购的中国艺术品的价格优势越来越小，不再有以往的价格比较优势。如果不了解国内价格，也要谨慎购买。

第二十一回

惜旧也须爱新衣

说说收藏新藏品的道理。

收藏总让人理解是对过去物件的收集，其实也包括对新东西的收集。文物收藏自不必说，一定是对历史传承下来物件的收集，但对收藏品而言，是没有时间定规的。新东西也有收藏价值，新东西也会成为明天的文物。我参观美国斯坦福大学时，导游介绍学校教堂外的长廊里，每年的毕业生会选择具有时代烙印的纪念品和写下一封信置放在走廊的地砖下的密封容器里，一百多年了，排列有序的地砖下留下了百届毕业生的珍贵礼品和书信，难道这不是珍贵的藏品吗？所以，收藏不怕新，只要选择的藏品有意义、有价值，就可以收藏。

收藏新品有几个好处：(1)来源清晰，容易认证。新品多数没有伪品、赝品，询证、求证很容易，可以放心收藏；(2)品相上乘，便于保存。因为是新品，品相应该是全品，对藏品保管的条件要求不高，适合普通家庭收藏；(3)容易形成完整系列。新品与收藏者处于同期，方便形成系列或规模收藏，即使有欠缺，也比较容易收集；(4)价格合理。大众收藏品一般都会保持5%～10%的增值幅度，最新收藏，可以以最低价格获得长期增值利益；(5)市场流通性好。新品存量在几年内比较大，适合投资者控盘操作，往往会形成交易活跃品种。因此，新品适合新的收藏者放心介入，无需过多的经验和阅历。

此外，收藏新品还有一个重要原因就是已经被市场追捧起来的旧藏品基本处于价格高位，并且存量有限，收藏者如果高位介入，获利空间有限。

当代手绘花瓶

美术师彩绘瓷瓶

新品收藏需要注意的事项是：（1）选择品种应为精品。精品不是指价格高低，是指藏品的工艺、质量、概念、数量、出品人等的综合评估优良；（2）对数量敏感。藏品的珍稀程度及增值潜力与藏品的数量大小密切相关。比如做硬币收藏，现在流通的一元硬币就不是应选品种，流通量难以数计，又难以损毁，又非贵重金属，又没有批次年号，这样的品种就没有多少收藏价值。（3）容易仿制的品种不宜收藏。（4）有不良信誉纪录出品人的新品不宜收藏。

2005年以后，著名工艺美术大师、高级工艺美术师等作品都大幅提高价格。这与艺术品行业有诸多资本介入有直接关系。但也反映了买旧不如买新的收藏理念正为多数人所认可。五年来，一些艺术陶瓷的价格已经增幅20倍乃至几百倍，说明收藏者正在挖掘新品的真正价值，新品更适合非专业收藏人士的进入。

周国帧先生之生肖瓷牛

周国帧先生之生肖瓷虎

说说造成藏品价格分化的原因。

艺术品市场许多现象和规律与演艺市场非常类似。比如，同样是歌唱演员，但演出价格是有天壤之别的；同样是剧团，但剧团的出演价位也是千差万别的。前者是因为名气和市场走红程度的区别；后者是出品人的机构和地位的差别，这些导致了价格的分化。收藏品价格分化的道理与演艺大同小异。

在其他文章里，我会专讲艺术品的价值评估，这里只提示收藏品价格分化的主要成因。

首先就是收藏品创作者的抽象劳动有区别。比如，中国有过千万

齐白石《和平鸽》

齐白石《林草》

的书画爱好者，书画创作形式和使用的材料是基本一致的，但创作作品的市场价格是不同的。这说明收藏者和消费者对作品的价值认可程度是不同的。究其原因是对作品中凝结的创造性抽象劳动价值认可程度不同。这种抽象劳动价值在表象体现为大师、著名艺术家、知名艺术家、艺术家、艺术工作者的系列称谓上，而这些称谓背后隐藏的是艺术成就高低不同。这就是收藏字画名人作品的道理。

其次是收藏的公众认可程度区别。在大众收藏品中，会忽略收藏的个性化特点，就是偏重公众认可程度，实际上也是与市场关系密切关联的。还用书画来举例，比如一些社会公众人物，可能不是书画家，但其书画作品一样会受到追捧，这就是公众认可程度起到的作用，这也是一些收藏者偏爱收藏名人字画的道理。

再次是收藏品出身正统性的区别。就是收藏者追捧来源规范、出身清晰、传承有序的藏品。还用书画来举例，比如收藏古字画，首选清代《石渠宝笈》有记述的作品，收藏当代书画要侧重美术史、书画史、国家正规美术出版社、国家级展览有记述的作品。其意义就在于解决出身正门的问题。不能说没有记述的作品创作者水平就不高，但社会就是这样，追名才可能逐利。

最后是社会消费需求的趋势区别。社会消费需求趋势很难捉摸，但一定有其成因。比如社会发展阶段、文化背景、社会经济状况、流行时尚、人为炒作等都可能导致收藏品消费趋势的变化。比如当今时代大家对翡翠的热捧，前几年对普洱茶的重新认识，都很难说出必然的道理和一定就没有道理，细分析下来还是可以捕捉一些道理的。

不在乎市场起伏的收藏是可以不受价格高低的影响的，这也是值得提倡的收藏理念。如果在意藏品的市场价值，就要注意以上的价值区别因素。

第二十三回

百尺竿头再进步

说说收藏鉴定水平的似是而非。

我注意到在艺术品收藏领域一个有趣的现象，受骗上当的多是具备一定艺术品鉴定基本常识的人。完全不懂的人受骗多是贪心而致，而多数人受骗的原因恰恰是对自己的判断能力比较自信，殊不知鉴定藏品这碗水如此之深。俗话说"淹死会水的"，讲得就是这个道理。

收藏者之所以受骗、走眼，主要原因是鉴定者只有"半瓶子水"，这种状态最容易贸然下结论，导致错误的收藏行为。根据艺术品鉴定专家介绍，最不愿意面对的委托人，就是这种半懂不懂状态的收藏者，片面地了解一些常识，往往以偏概全，也很不虚心。这些人认为读了几本书，听过几次课，摸过几件东西就可以行走江湖了。实际上与高水平鉴定家有巨大的差距。

2007年下半年，一位业余收藏家带来两件青花瓷请评估委员会做鉴定，一件是元青花，一件是晚清时期的青花盘。我们的工作人员感觉元青花罐完全是新品，就劝他别付费鉴定了，也少交一件鉴定费用，不成想惹怒了这位收藏者，他引经据典强调这件元青花是如何"开门"，谢绝了工作人员好意，坚持鉴定，并希望现场观看专家鉴定过程。这有悖于我们的评估鉴定规定，但我决定让这位收藏者和我一起在鉴定室窗外观看专家的鉴定过程。我们的鉴定程序是每位专家都独立鉴定，独立做评估意见。我陪着这位收藏者连续观看了三位专家的鉴定过程，如同约好了一样，两位故宫专家、一位首都博物馆专

晚清青花狮子瓶

清代民窑绿釉碗

清代粉彩瓷罐

家都是冷眼看了一眼元青花罐，然后拿起晚清青花盘看了看，就写出结论。结论是：元青花罐系新作，青花盘为晚清后期。这位旁观的收藏者极为震动，他说："这些专家对元青花居然都没看过第二眼，看来是有问题，这里的水太深了。"见他态度转变，我留下一位故宫专家和他交流一会，故宫专家说这么一件元青花如果是真的，市场上至少需要1500万起价，但是此件东西连做旧的功夫都没下，完全是仿制新品，火气逼人，几个古玩市场都有大量出售。

我也清楚让多数收藏者都具备高鉴定水平是不现实的，但应具备虚心学习、谨慎收藏的品行。要知道一个专家是要下一辈子的功夫，也只能说在某一种类的某一领域具有一定的成就。这也是有品行的专家坚持不跨越领域鉴定的主要原因。学而知不足，长期的专业实践，让高水平的专家懂得了敬畏，这种敬畏特别值得业余收藏者学习和体会。

第二十四回

不求唯一旦求有

说说限量授权艺术品的收藏。

联合国教科文组织对艺术品的定义包括原创艺术品和限量复制艺术品。艺术品收藏界也一直认可限量复制的概念，比如邮票、券证、票卡、碑帖等收藏品种都是限量复制品的概念，特别是对于大众收藏品，限量复制艺术品是主要收藏品种之一。

原创艺术品概念容易被人理解，主要指原作。原作具有很高的收藏价值，这是因为原作具有唯一性。但是原作艺术品也有其局限性，也是其唯一性。客观上制约了艺术品为公众欣赏和收藏，于是有了复制的概念。但大量复制又妨碍了收藏价值的体现，又产生了"限量复制"的概念。复制权也属于著作权的权利范畴，一般需要著作权权利人授权后进行，还有一些超出著作权保护年限的作品，也会被出品人以特殊形式限量复制。版画品种一开始就是限量复制的概念。

限量复制艺术品的收藏价值在于作品精致和限量适当。数量的大小与收藏价值的高低成反比。数量越大，收藏价值越低，价格也越低。限量复制品出品人也主要依靠数量高低来操控市场。例如在连环画的收藏中，十本一套的连环画，其中多数会按一万册印刷，少数按5000册印刷发行，不仅会使得印量少的单价直接提高，还会带动全套价格间接提高。稀缺性也是收藏市场的主要法则。

目前，书画复制品的市场向好，特别是艺术家签名的限量复制艺术品价格一路走高，北京百雅轩文化艺术机构出品的吴冠中复制作品，价格连年提升，可见限量复制品对于大众收藏市场更具价值。除

罗中立签名版画

版画之外，中国的早期年画、木刻画、拓片都是复制艺术品，只不过没有按照限量复制的规范化运营。新中国成立后，在荣宝斋的示范作用影响下，木刻水印复制技术在几个城市成熟起来；改革开放之前，市场上流行的书画复制品主要是木刻水印产品，也具备很高的收藏价值；改革开放后，随着印刷技术的发展和完善，复制技术取得突破性进展；现在收藏市场的主要复制品基本基于印刷技术。此外，限量复制艺术品的品种也全面开花，几乎囊括了工艺美术品的所有领域。

限量复制艺术品开始出现高中低三档市场，高档单件价格在万元以上，低挡复制品单价在2000元以下。随着国家整体经济实力的提高和大众对精神产品需求快速增长的趋势，中高档限量复制艺术品将进入一个黄金收藏期。

杨飞云版画

第二十五回 物以稀贵定收藏

说说收藏中稀缺性的把握。

不论出于什么目的的收藏，都很看重稀缺性。稀缺本身就具有一定意义和想象空间。俗语说"物以稀为贵"就道出了其中的道理。所以，稀缺性是收藏品综合价值评估的要素之一，也是收藏市场的法则之一。

造成藏品稀缺性因素很多，可能是天生就具备稀缺性，也可能是天灾人祸导致了稀缺性。对于收藏而言，也就是收藏这种稀缺性。除了特殊目的的收藏，多数收藏都会把稀缺性列为收藏的前提。那么，怎么把握好稀缺性的收藏原则呢？

徐悲鸿《田横五百士》

可流通纪念币

我的理解是：

一、按高中低三档把握复制品数量界限。高档收藏品发行数量在1000件以内；中档收藏品发行量在10000件以内；可以认为具有较好的稀缺性概念。高档指30000元以上的单件价格（贵金属、玉石材料藏品可以适当放量）；中档藏品是指3000元以上，30000元以下的单价。

二、以正规出品人权威性及官方公布信息判断稀缺性程度。比如银行纪念币、奥运金牌选手个性化邮票等。出品人级别越权威，稀缺性越高。稀缺性不仅单方面看发行数量，还要看需求数量。比如前一阶段澳门发行的回归纪念钞，数量照顾到澳门所有家庭和居民，但相对大陆收藏需求量而言，就非常稀缺了，当日就超过发行价的10倍以上。我们经常看到报纸、电视以广告方式发布的收藏信息，都不具备政府官方发布信息的权威性。出品人公布的官方消息，往往决定更大的需求热情。

三、重要纪念日、庆典及特殊事件纪念品或见证实物。比如人民日报社发行的号外刊，对于报社而言，发行号外需要严格的审批程序，本身就是例外事件，就具备极高的稀缺性收藏价值。

四、艺术家一生创作数量的多少。例如，潘天寿、徐悲鸿这样的大师，作品存世数量极其有限，潘天寿不足千件，徐悲鸿也仅有不足5000件，这都是极为紧缺的藏品。

五、艺术家创作的另类风格作品。比如齐白石大师的人物画数量很少，或者著名画家的书法作品，或者书法家的画作等都是稀缺性藏品。

六、违反惯例的特殊物件。这类东西违背了规范性原则，因而具备了稀缺性品质。例如青铜器，某个时期多数以大型器物为主，小件器物就很另类；多数没有铭文，少数有铭文的就很稀缺，导致收藏时，多一个铭文多一层钱；人民币错币珍贵也是这个道理。

七、按时间久远判断。一般性的道理，时间越久，越稀缺，收藏价值就越高。

藏品的稀缺性原因很多，比如因特殊原因取得的名人手稿、特殊的重要事件佐证等都是不可多得的稀罕物，收藏价值始终围绕稀缺性打转转。

第二十六回
室有藏书气自华

说说普通的家庭图书收藏。

在书籍收藏中，有形形色色的收藏方式，如古籍收藏、文献收藏、报刊收藏、画报收藏、专类书籍收藏等等，这里仅说说普通家庭的图书收藏体会。

个人或家庭藏书也是一种收藏爱好，而且是最重要的收藏内容。它关系到一个人最基础的个人修养。无论古今中外，都有很好的家庭藏书风气。仅中国古代就有许多家庭藏书的记载，也有不少因藏书而闻名于世的家族藏书楼。中国有诗书传家的传统，也有书香门第的美誉，在中国家庭对藏书有说不完的故事。中国的知识分子都梦想拥有一间属于自己的书房，这也道出了私人收藏图书的普及性和不容易。

时代的进步，计算机和电子阅读走进了生活，但取代不了家庭藏书的爱好。家庭藏书也是个性化的选择结果，很难划归出一种标准模式，这里总结的是一些爱书人的共同看法，仅供藏书者参考。比较重要的图书应适当收藏，大约有如下几类：

一、是词典、字典类工具性图书。这类工具性图书方便随时查阅，解决临时性困难。辞海、字典、英汉字典、古汉语字典、成语词典等是最基本的工具书；有条件的还可以备上百科全书（最好备电子版）及个人经常要用到的专业工具书。

二、是经典名著类。包括中国历史上的经典名著和唐诗、宋词等，也应收藏一定数量的世界名著。

三、是著名的社会科学著作。经典的社会科学名著被很多读书组

精致名家文房

新制名家文房笔筒

王怀庆《三味书屋》

织列为一个人一生必读图书，可见其深远影响。这类图书对形成世界观有很大帮助，也是对人类智慧宝库的承载。

四、是历史书籍，不仅应有中国、世界历史书，还要有文学史、哲学史及个人感兴趣的领域沿革史书。读书必须读史，史书读了，才真正理解我们是如何站在巨人的肩膀上的。

五、是经典的散文、杂文、笔记类图书。这些书对修养思想，增加感悟力非常有帮助，读这类书会帮助一个人提高思想力和判断力。

六、是美术类或艺术类图书。这些书会提升一个人对艺术、美学的理解力，感受到人类精神文明的精华。

此外，是个人兴趣类图书偏向性收藏。

藏书是为了读书和随时读书，是最好的一种修养方式。我最欣赏培根先生的一句名言：读书有三个好处，一是可以消遣时光；二是可以装饰自己；三是可以增长才华。如果说收藏是为了娱乐自我、修养身心，那么图书收藏就是最好、也是最方便、最实惠的收藏。

第二十七回

名利信誉一槌间

说说收藏者如何看待拍卖会。

　　拍卖会是收藏品的一个来源。目前，拍卖会的总成交额占了艺术品收藏市场的五分之一份额，近几年在500亿左右。拍卖会是艺术品收藏市场的风向标，能够比较直接地反映市场行情和走向，也把拍卖行情看作市场的晴雨表。

叶永青《鸟》

　　由于收藏者容易把拍卖会理解为高价竞争场所，所以，有大部分收藏者没有走进过拍卖会。其实，拍卖会只是二级市场的一种交易方式，没有太多的神秘，只要走进现场，就基本了解了拍卖会的交易方式。多数情况下，拍卖会允许旁观，只要只观不语，不影响会场交易，就可以全程参与。

　　拍卖会的举办一般要经历拍品征集、整理、印制拍品图录、买家邀请、发布拍卖信息、拍前预展或巡展、办理参拍手续等前期工作，拍卖会举办后要办理成交手续、提货、催促提货的后期服务。有规模的拍卖公司一般要举办春秋两季的大拍和四季拍、平时的小拍，也可以受委托人委托举办专题拍卖会。大拍，特别是秋拍是拍卖公司最为看重的业务。重要拍品一般都安排在秋季拍卖会上。拍卖信息主要通过艺术媒体和客户信息端发布，图录有藏家赠送和预展现场派发或售发等形式发放，拍卖竞价规则都会附在图录中或现场声明，买卖双方都要在成交后交给拍卖公司一定比例的佣金。

　　尽管拍卖公司不对拍品真伪担保，但拍卖公司为了信誉和培育忠实买家，对征集的作品还是要评估判断的，最后推出的拍品基本有品

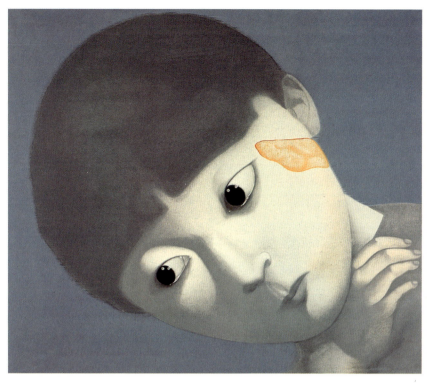

张晓刚《我的回忆》

质保障。中国现在有上千家大大小小的艺术品拍卖公司，也存在一些害群之马，为了获取利益，不惜假拍、拍假，对艺术品拍卖市场是一种严重的伤害。如果要在拍卖会上买藏品，我还是建议在有信誉、有实力的拍卖公司举办的拍卖会上举牌。有良好拍卖纪录的藏品也便于再流通。

中国目前的拍卖公司过多，但多数拍卖公司并不赢利。这种局面会逐渐改变，按照世界的惯例，真正能够生存发展下去的拍卖公司只能集中在少数企业，会经历大浪淘沙的过程，剩下的一定是信誉好、服务好、实力强的企业。信誉对于拍卖公司是不敢开玩笑的，屡出赝品就会流失全部好的买家。

对于偏门收藏品或低价收藏品也可以去一些小型专题拍卖会购买，比如书报杂志收藏、连环画收藏、邮票收藏等，价格不高，真伪可鉴，往往会以很低的价格获得心仪的藏品。

说说收藏界畸形的假拍、拍假现象。

有句话说："存在的就是合理的"，这句话或可以解释当前收藏市场的拍假、假拍现象。这种畸形现象的背后也有一种畸形的"道理"。

中国艺术品市场行情的迅猛启动，拍卖公司也应运而生。但是，拍品的征集却越来越难。我结识的几家大拍卖公司负责人，都感慨好藏品难以征集。原因是好藏品的藏家惜售、同业竞争加剧、海外拍卖公司强势、私下转让增多、赝品增加等，导致拍品征集困难。那些新成立的小拍卖公司更是雪上加霜，征集好藏品比有实力的拍卖公司更是难上加难。于是个别拍卖公司就放弃了商业道德底线，开始打赝品的主意。这些公司的客户有两种，一种是确实不辨真假的收藏者；一种是明知赝品却愿打愿挨者。前者或可以理解，不明真相，稀里糊涂受骗，占小便宜吃大亏而已；后者却有另有不好明说的初衷。

我接触几次朋友或朋友的朋友托付的事情，希望帮助去小拍卖公司拍几件齐白石等大师的作品，每件价格在15万左右，我说这个价格连一尺画都不够，办不到。他们就直接言明去那些没有信誉的拍卖公司，说白了就是为了送礼用。我说你们直接去艺术品市场就买得到假画，何必多花钱拍卖。他们回答的更直白，就是要拍卖公司的拍卖品证明。用拍卖品送礼并取得一个证明资质是知假买假的道理所在。我翻看了这所谓拍卖证明书，极其不规范，只言明拍卖成交，不写价格

傅抱石《九老图》

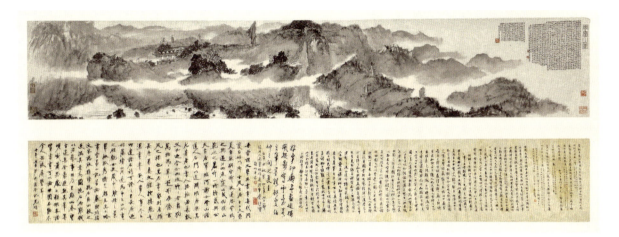

傅抱石作品

和佣金，可见买卖双方配合的很默契。

此外，还有一些为了包装自己或机构包装艺术家的假拍行为，只为花点小钱混一些拍卖纪录。这种行为一般不会得到大拍卖公司的配合，而一些三流拍卖公司还是愿意送这个人情的，说白了，还是为了那点经济利益。我问一位自己举牌的画家（他的画还不错），花这冤枉钱值得吗？他有些无奈地说："肯定是值得的，多几次拍卖纪录，可以看到价格走高的趋势，才会引起买家的注意。不这样做，我的画可能永远是人参卖个萝卜钱！"这也许也有几分道理。由于拍卖纪录是可以公示的，中国艺术品又没有清晰的传承档案，为了有所记述、记录，也是一些真品假拍的目的所在。

分析出现这些畸形现象背后的东西，总体还是一个经济利益在驱动。各有不同的需求，各有不同的方式，但最终还是归于利益。或许有些无奈，或许是市场走向规范前期必然的现象，但都是在践踏信用和道德。也许各有苦衷，但终究难以原谅。

第
二
十
九
回

假
作
真
时
真
亦
假

说说收藏中的知识盲点。

　　有许多收藏者不是知识型的收藏爱好者，可能是更偏重财富型的收集人。把收藏品当作财富的聚敛方式，也缺乏相关的知识，闹出不少笑话。

　　2008年我去杭州，和一家文化部颁牌的"中国诚信画廊"董事长喝茶时，听他讲了一个发生在他的画廊里的故事，很耐人寻味。有一个企业老板来到他的画廊，指名道姓要买一位在江浙一带最受追捧的画家的画。这位老板说："我不怕贵，必须要真品，我用来送礼办事用，关系重大。"老板还说："要送礼的人，虽然不在杭州，但偏爱这位画家的画，对画家有研究，千万别送赝品。"画廊是诚信画廊，自然不会卖假画。老板选了一幅精品，也没有计较价钱，高兴而去。一个月后，这位老板非常冲动地闯进画廊，说要砸掉"中国诚信画廊"的牌子，卖给他的是假画，不但画给退回来了，收礼人还留给老板一句话："做人要厚道。"这位画廊董事长觉得事情蹊跷，干脆好人做到底，也给这位老板挽回声誉，就说服画家和收礼人见个面，当面证明一下作品是真的。画家听了他的叙述，就明白了大概，让这位老板回去告诉那位收礼人，把画家其他的画也都带来，画家都给看看。收礼人喜出望外，第二天就带了30几张画家的作品来见画家，画家逐一看过，告诉这位收礼人，没有一张是真的，全是伪作。还给收礼人看了几张自己珍藏的原作，比照伪作进行了讲解。这才平息了一场误会。这位画廊董事长说："假画看多了，真画反成了假画。"

日本精瓷

日本精瓷

　　这个事例告诉我们什么道理呢？就是收藏者如果要收藏某类藏品，就要具备此类藏品的较全面知识，就要反复研究藏品。如果喜欢某位画家的画，就要研究画家的基本情况和艺术风格及艺术成就。最基本的办法就是买一本正规美术出版社出版的优质画册，仔细理解画家的笔触和习惯，久而久之，就成为半个专家了。如果仅拿手中的作品为蓝本，可能就成为某位造假者的粉丝了，自然是"假作真时真亦假"了。一位青铜器鉴定家告诉我，他十分不理解一些人怎么如此缺乏常识。他说：一次帮一位企业家鉴定一套编钟，先不说这么整齐的一套编钟几乎没有可能被家庭收藏上千年不为人知，仅仅说一屋子强烈的化学药水味道就应该知道不是真品。但这位企业家还是花大价钱买下了。这些例子都说明对藏品事先进行知识系统学习有多么重要。不能以偏概全，也不能浅尝辄止，更不能盲人摸象。

说说理性收藏的原则。

收藏是怡养心性，热爱是感性，取舍是理性。我提倡理性收藏有几个原则。(1)量力而行的原则；(2)先易后难的原则；(3)多看少买的原则；(4)知行合一的原则；(5)清醒收藏的原则。这里重点说清醒收藏的原则。

清醒收藏是指清楚地知道自己在收藏什么和清晰地了解某类藏品的收藏界限。知道自己收藏什么是防止盲目多元化收藏，尽量形成专项优势和特色优势；了解藏品的收藏界限是指守法收藏和知道藏品的最大收藏可能是什么。

2007年我去香港参加会展，应一位香港上市公司董事长之邀去观摩他的藏品。这位董事长应该算香港上流社会人士，拥有自己的别墅、游艇和两家上市公司大部分股权，也有马会的固定包厢，按常理想他的收藏一定很有品味。在他的别墅里有一间200平方米的古玉收藏室，收藏室布置的很典雅。但首先看到的专题收藏题目，我就知道又是一个糊涂收藏者。一进门看到的主题就是中国帝王玉玺系列，陈列了百颗中国历代皇帝的玉玺，我心里就断言，没有一颗是真品。这位董事长还很感慨地解释说，至今都在追踪和氏璧雕刻出来那个传国玉玺，很遗憾至今没有下落。我问这些玉玺是哪里来的？他回答说是他多年来在西安、洛阳、开封、杭州、北京等地收藏来的。我就更确认了我的推断：应该都是伪品。他希望和我单位合作，在北京和香港、台北举办一个国宝玉玺专题巡展，我马上谢绝了他的建议，我是

西夏文印章

怕遭来全世界华人的讥讽。从单纯收藏的快乐而言，这位董事长也没有错，只要自己高兴就好。大藏家很多都是秘不示人的。如果像这位董事长这样又愿意与人分享他的快乐，就要慎重，要体现一定的学术价值和合规理性。

听一位同学讲，李嘉诚在自己的书房里放了一块字匾，上书"问止"两个字，这里不讨论"问止"的深刻哲学思想，只说字面意思，也告诉我们要知道底线或止境在哪里。有些物件不是用资金、兴趣、努力就可以解决的。在收藏里很讲究缘分，但缘分也是一种因果，收齐百位皇帝的玉玺，这样的捷报，恐怕集世界之力也是难以达到的。热爱与沉迷不同，沉迷就不再有理性的存在。非常遗憾，前些天又有一位藏家请我去观摩，他自称收集了毛泽东诗词18件手稿，我也推辞了。这样的收藏者可爱也可气，在收藏的过程中，逐渐迷失了方向，放弃了理性，为自己造就了一个隔离生活和社会的梦幻世界。

寿山石印章

印章

再说收藏量力而行的原则。

收藏本身是由感性出发的，喜欢、热爱是收藏的本源动力。但是在收藏的过程中，有需要判断和冷静等理性心态。这就是收藏过程中难以把握的思想矛盾，收藏者往往不容易处理好感性与理性的矛盾，由于本源的驱使，会忽略理性，导致收藏带来许多困扰。超出收藏的财务能力就是很典型的非理性现象。

上海一位高古玉鉴定专家对我说，古玉收藏最好浅尝辄止。我和他交流其中的原因，大体上有几个理由：(1)古玉有无尽的魅力，沉浸其中就会难以自拔。我有一位名叫苏雪的朋友，是位歌唱家，气质优雅，一说到良渚玉就神采飞扬。用她的话说，当你拿到一条已经钙化的古玉手链，经过精心盘养，看到由白变黄，由黄变红，由钙质变得晶莹，变回晶莹剔透的红玉石时，你会感觉到古玉的变化和生命，神秘而神奇。几乎没有人能抵御古玉带来的无尽魅力。(2)古玉可遇不可求。高古玉不同于一般玉器，很难收集，真假难辨，买假"交学费"在所难免。遇到真品，价格也很高。(3)一般藏家的心理是多多益善。这三个原因导致玩古玉收藏者，欲罢不能，万贯家财哪禁得起几块古玉的折腾。这位鉴定家告诉我：古玉害人，害失去理性的人。

以上的古玉事例其实是收藏界通常现象的缩影。自古以来，真正的收藏家就没有几位不为钱着急的，即使藏品富可敌国，生活却很拮据。因为永远有心仪的藏品在前方召唤，永远会感到心有余而力不足。占有性收藏是一条不归路。

猛犸象牙髓把件

良渚玉饰

　　怎样的心态是健康的收藏心理呢？我认为量力而行是起码的原则。欲望是无止境的，收藏也是一种占有欲望，也是无止境的。前文说过李嘉诚的哲学思想"问止"，就是要收藏者给给自己一个界限，这种界限不仅是财力的界限，也有法律的界限、空间的界限、精力的界限、逻辑的界限和意义的界限。但财力的界限是最现实的界限。

　　健康的收藏心理是识美、赏美、拥美。识美是大境界，识尽天下之美。用眼和心去发现天、地、人一切之美，大到宇宙、小到物理结构；上至自然之道、下至恻隐之心；前至洪荒远古，后至未来愿景，皆有美。赏美与识美密切关联，侧重以心去感知，懂得鉴赏和欣赏，以滋润心田。拥美是拥有和占有私下的美，拥美一定是有限的。从容的心态，才会理性的收藏，才会以平和的心态对待无止无休的藏品召唤。大美状哉，小美悠哉。

说说先易后难的收藏原则。

　　收藏是发自自我兴趣的爱好，很少有收藏者天生就懂得收藏，都是一个兴趣逐步培养的过程，由爱好到入门，由初级到深入，都会有一个先易后难的过程。

　　我在上个世纪90年代初期，经常出差到外地，自然要到当地风景名胜游玩，去曲阜的孟庙时，看到地下有一块落下来的瓦脊件，古朴而美观，我就捡了起来。回宾馆后摆放在茶几上，同行的一位领导看到后说，很有味道，值得收藏。于是我开始了瓦当收藏。我每次去古迹参观，都留个心眼，就是看看房前屋后有没有遗弃的瓦当，屡有收获，也就积攒了几十块瓦当。后来一次在曲阜尼山的少昊庙，捡到一块完整的旧瓦当，遭到管理人员的拦截，他并不是不让我拿走，而是让我把后半截砸碎带走，他说完整的有嫌疑。引来很多当地吃旅游饭的人围观，我准备上车时，来了几位开黑车的人，对我说：你想要多少，这东西有的是，你少出点钱，我们给你送到宾馆去。我马上拒绝，就登车离开了。此事有些后怕，如果我贪图藏品的增加，可能这帮当地人会把庙拆了。

　　后来我又收集了故宫、中南海等处的遗弃瓦当，恭王府翻修时，也有朋友帮我找来许多残破但图案完整的瓦当，就有了一百多块瓦当。故宫、中南海的瓦当极为难得，我是在环卫工人的垃圾车里检出来的，环卫工人都觉得我有病。还有一块中南海外墙的古瓦，是我"唆使"五岁的女儿，在执勤武警的眼皮底下捡回来的，我奖励她一

汉代文字瓦当

瓦当

顿肯德基。如果我去墙下捡，估计武警会把我当作坏蛋抓起来。我在景山公园的土山上，也捡到几块图案完整的瓦当，自豪得不行，皇天不负有心人。后来我带女儿在劳动人民文化宫上芭蕾课，她上课，我四处寻觅废瓦当，也有收获。最为遗憾的是一次到中山公园看演出，其外墙脱落掉两块瓦当，我急着看演出，心想回来再捡瓦当，演出结束后，脱落的瓦当已经被打扫干净了。唉，还是心不诚啊。后来，我开始研究有关瓦当收藏的书籍，知道了哪些瓦当有价值。花了一些钱，托陕西收藏协会的姜老师、《收藏》杂志主编杨才玉老师买了汉瓦，后来也有了西安送给国民党主席连战先生的瓦当，辽宁省收藏家协会聂飞秘书长送我的稀少的辽金瓦当。但我始终认为，我用心收集的皇城王府系列瓦当是独具特色的。

收藏就是一个这样的过程，先易后难，例子中记述的得失故事，才是过程中最具价值的乐趣，如果仅仅花钱买藏品，可能既无乐趣，又无收藏初衷的价值了。

第三十三回　寻寻觅觅莫着急

再说多看少买的收藏原则。

大家都有旅游购物的经验，就是越卖越便宜的规律。最容易看到的、最方便购买的商家，一定是最贵的；同样的商品在机场、宾馆是最贵的。在商业中心也很贵，到中小市场就很便宜。收藏购买也是同样的道理，一定用多看、多走、慢买、少买的原则约束自己购买的冲动，货比三家是基本的规矩。

民间泥塑

一次，我和一位朋友逛北京报国寺市场，刚进门，看到一个摊位卖海象牙手串，朋友问价格，回答是200元。朋友就准备买，我说再转转，朋友告诉我在五台山宾馆标价2000元，这便宜了90%，我说那可能是象牙吧，不着急，再看看。后来按15元买了几串。我最近买了一尊北京一位高级工艺美术师的泥塑作品，是一对老夫妻，老伴给老头掏耳朵的小品。开脸生动，栩栩如生，极为耐看，是一件优秀作品。我询问价格是2200元。谈价格也谈不下来多少，最少2000元。我不再坚持，等等再说。两周时间过去了，那尊泥塑还没有卖出去，我就委托同在报国寺出摊的连环画经营者马建国夫妻帮我侃价。两家摊位距离不远，抬头不见低头见，最后谈妥1000元，我坐享其成，自然也很感谢两位老朋友。如果心态过急，可能也就多花1000元买了，却少了很多乐趣。

收藏市场许多东西都不是标准化商品，售卖者的物品来源、售卖心态都不相同，需要有足够的耐心来观察和侃价，说不上斗智斗勇，也有许多灵活门道。这也是一种乐趣。我很少抱着志在必得的心理去

柬埔寨沉香手串

海象牙手串

科特迪瓦檀木手串

买藏品，这就从容得多，也主动得多。一次我和两位朋友去逛市场，看到一串黄花梨挂珠，品质上乘，报价最低8000元，我出3500元，卖者不卖。我不再纠缠，就去看别的摊位，同来的朋友对我说，那位摊主对旁边人说我一定还得回来。我对朋友说，我就不回去，他一定来找我。果不其然，我就要离开市场时，那位摊主跑过来，让我再商量商量，我说只能3500元。他说5000元，我不同意。我心理的价位是4000元。买不到自然有些遗憾，但不要太放在心上。

有一个良好的心态，就会掌握主动，就会少花不少冤枉钱。要知道世界上的好东西太多了，不可能都据为己有，又何必在意一件东西的得得失失呢。当然，如果一样东西能够强烈吸引你，自己有强烈的暗示，不能失之交臂，也不妨果断出手，多一点钱买到一件自己心仪的藏品，也没有必要斤斤计较。但多数时候，还是多看、多品，不要急于出手。

说说知行合一的收藏原则。

许多收藏者是积累藏品的能手，却是收藏知识的贫者。主要原因就是沉不下心研究藏品的有关知识，一副财主的做派，就是花钱痛快，最后的结果都不太好。

前文讲过一个企业家办博物馆的故事，他的博物馆门前参观的人寥寥无几，收购艺术品的窗口却门庭若市。即使企业家把它当作公益事业来做，也要把好专业关，要有主题或收藏方向，这样来者不拒的收藏不做也罢。

2012年，我去了一次江西某市，参观了一位企业家的收藏，完全是一个民间工艺品仓库。可以用电影《大腕》里的一句台词形容他的藏品："只买贵的，不买对的"，我再加上一句："只买大的，不买小的。"盖了几十所雕梁画栋的房子来装这些藏品。还在藏品旁随意放个标签，藏品的名称都写错不少。这样的收藏不仅没有价值，反而衬托出收藏者极低的文化素养。陪同参观的领导说，这位企业家准备从外地赶回来见我，请我提提意见。我忙说我晚上已经有了安排，下次有机会再见。我也不是清高，面对这样的收藏爱好者，实在是无话可说。2009年，某省一位收藏家托人找到我，请我去他的红山玉博物馆参加开业剪彩仪式，拿来一份资料，资料上介绍收藏红山玉达2000件之多，我也赶快谢绝了。真正的红山文化出土的玉器，有记载的数量有限，多数在几个博物馆里，一下子收藏了2000多件，我实在不敢相信。

瓦当

瓦当

　　遗憾的是这样的例子举不胜举，这些收藏者共同的特点就是缺乏理性的头脑和踏实的学习态度，对藏品一知半解，一意孤行，或因为有权，或因为有钱，周围也没有人能进言，或者进言也没有用。在物质财富的领域，是存在暴发户的；但在收藏这个领域，是不会有暴发户的。那是一种素养的积累和知识的积累。即使有钱，买下了一个真正藏家的全部收藏品，在精神上一样是贫瘠者。

　　收藏不仅需要喜欢和热情，还需要鉴赏和探究，比如我收藏瓦当，我要揣摩"龙"的图案应该出现在哪些建筑上，黄色的琉璃瓦与绿色琉璃瓦的区别，为什么有些绿色琉璃瓦图案的龙是黄色的，皇宫的琉璃瓦与王府的瓦当在规制上有什么区别等。这些探索不仅增加知识，也是判断藏品真伪和来源的依据。光有收藏的海量，没有收藏的研究，徒有其表，还会丢人现眼，适得其反。

说说收藏中的有心人。

2012年5月18日，我参加一个朋友的画廊开业仪式，正巧碰见书画鉴定家米景扬老先生，总说一起聊聊天，一直没有机会，选日不如撞日，我们约好在活动结束后一起去他家喝茶。晚上7点，我们坐在他的别墅院子里聊天，话题还是收藏。

因工作关系，我和米景扬老师接触不少，在他面前也不拘束，我就把我琢磨的一些收藏体会说出来向米老师请教。我说："收藏是讲究缘分的，所以平台很重要。此外，更重要的是收藏者要有心。无心的人，有平台也荒废了；有心的人，没有平台也会有作为。有心的人一个纸片都会变成宝贝。"我说完这席话，米老师一下子站了起来，拍着我的肩膀说："你说得太好了，来！我给你看看字片是如何变成宝贝的。"说着话带我进入书房，给我展示了一本册页，这是我看到的最有价值的纸片集成。

这本册页是米景扬先生把到荣宝斋工作以来，收集的各种信函、手稿、便笺、字条、贺卡、草稿、信封、随笔涂鸦集合装裱在一起的杂碎集，也是我眼中的锦灰堆。里面几乎囊括了近当代所有与荣宝斋、米先生发生过业务、工作关系的大师、著名艺术家的片言只语，都是亲手笔墨，弥足珍贵。其中，有一张一指宽的粉色小纸条，上书"米景扬同志惠存留念"，是启功先生亲笔所书。米先生介绍，当时荣宝斋与北京师范大学搞一个活动，北师大为了感谢

米景扬先生所存名家尺牍

荣宝斋的同志们，每人送了一支钢笔，启功先生亲笔题写了小纸条。米先生问启功先生，这点小事您还亲自动笔，启功先生说，我自己写一遍，就记住了大家的名字。看着这张书写工整的字条，我十分感慨，感慨之一是启功先生的为人和做事，是有心人；感慨之二是米先生的细心，我相信其他人可能早把这张字条丢掉了，米先生却完好地保存下来，可见米先生更是有心人。

　　无论是收藏，还是工作、生活、学习，有心与无心造就了人与人的差别。这种差别会随着时间把同事、同学之间的距离越拉越大，直至产生阶层的差距。每个人都有自己的平台，每个人都有自己的机会，有心之人，会珍惜所有平台，会抓住一切机会；而无心之人，只会随波逐流，放任自在。不知不觉中，造成了成就和心性的差距。

启功先生手书纸条

黄胄《三驴图》

第三十六回

因爱因好故生忧

说说喜欢是收藏的本源之心。

由喜欢而收藏，又为了收藏经历苦辣酸甜是收藏者最有价值的人生经历。人生也因此有了与工作、学习、生活并行的一条轨迹，丰富而精彩。喜欢就是收藏初衷的本源。

20 世纪 60 年代出生的人，因为国家处于困难时期和"文化大革命"风起云涌时代，外在美丽的收藏品并不多，女孩子难得收藏一些糖纸，男孩子难得收藏一些烟盒包装，邮票都是极其难得的珍品，收集毛主席像章也是很奢侈的品种，那是一个物质生活和精神生活极其贫瘠的时代，连环画几乎是唯一的课外读物，但一角钱左右的价格，依然是孩子们难以跨越的财务大关。但这些星星点点的美丽物件还是被大家所喜欢、所收藏。对美好事物的喜欢和热爱是人类社会希望的曙光。

我自小喜欢美术，也喜欢收藏，连环画、邮票、书签、烟盒、名画插页、新年年历卡片、甚至树叶标本、图书、《红小兵》杂志都精心收藏过，今天回想起来，尽管有些稚气，还是很佩服自己对美好事物的孜孜以求精神。很多东西都送人或遗弃了，那时的很多东西在今天的眼光看来早已不再精美，只有连环画收藏、邮票收藏伴随我走过40 多年的历程。邮票现在只是每年买一本年册，已不像以前那样每月凭卡去邮局领取了，现在的邮票收藏更像完成一项义务，而不是享受收藏的快乐了。只有连环画还是几乎每周去市场逛逛，和一些连友交流聊天，我感觉现在的大众收藏品步入了市场的轨道，几乎更贴近于一种交易行为。我反而是对一些杂项类小物件更感兴趣，尽管也免不了讨价还价，还是有不少乐趣。

作者与米先生观赏画作

2011 年，我系统的回顾了我自己的连环画收藏过程和对连环画兴衰的思考，写了一本《连环画情缘》。这本书不同于其他的学术研讨，更偏重对收藏过程的探究，实际上是对我个人收藏连环画甜酸苦辣的回首，写完此书，我好像更明悟了收藏的真谛。或许这本书更贴近生活吧，比较受读者欢迎，据看过此书的朋友说："一家老老小小都喜欢读。"报国寺经营连环画书摊的马建国先生回馈消息说，姜维扑先生、王家龙先生、崔永元先生等连环画界收藏人士都给予了好评，都说此书写得有新意、写得生动。其实，就是把我对连环画的喜爱之情、关注之情写了出来，也就道出了大家的心声，也有了共鸣。

收藏者的快乐就是出自喜欢和热爱，并为藏品尝尽甜酸苦辣而无怨无悔。

连环画

第三十七回　但求喜欢莫求钱

再说收藏的喜欢本源。

在2011年3月，北京皇城艺术馆举办了"丹青铸史——米景扬先生藏画展"，引起书画艺术收藏界的轰动，慕名而来的观众络绎不绝；还引来主要的几大拍卖公司的密切关注，一百多幅近当代藏画，件件是难得一见的精品，几乎囊括了近当代所有中国书画的大家代表作，观展之余，许多观众都不自觉地评估起这批藏画的市场价值，有人说几个亿，有人说十几亿，可见藏品之精。

展览中的一幅王雪涛大师的《荷塘戏禽图》的收藏故事，颇能说明收藏的本源动力就是喜欢的道理。此画是米先生购于1960年11月，价格是23元人民币。目前估计此画在市场上的价格至少高达接近300万元，增值十几万倍。米老师随身带着当年购买的发票，微微发黄的发票上，清楚地标注着23元的价格。米老师对我说："我不愿意听这画值多少钱的议论，那时我做梦都不会想到有今天的市场行情。"1960年，是国家最困难的时期，工资也很低，为了买下这幅画，米老师节俭度日，几个月才买下此画。那时，有谁会想此画会升值卖钱，只有一个目的，就是喜欢。

王雪涛《荷塘戏禽图》

米老师的画展，也吸引了一批米老师以前在荣宝斋的老朋友、老同事，我与他们聊天。这些前辈也都是当年荣宝斋的业务骨干。他们感叹说，大米（同事对米老师的称谓）有今天的成就很不容易，一是喜欢、二是用心，我们很多人都只把买卖书画当工作做，很少有人像他那样喜欢书画和用心收藏。可见米先生的情趣成就了他的收藏。

书画是米先生收藏的主项，但对艺术的热爱，使他收藏的成就远不限于书画收藏，他的书房号称"十墨山房"，是他还收有十块清代御用书画墨，也是他最为得意的藏品。还有一批来自英国、法国、日本的铜雕，极为精致，也陈列在他的客厅书房之内。书房中还陈列了许多脸谱、葫芦、泥塑等民间工艺美术品，和我的杂项收藏很类似，将心比心，窃以为自己和米老师都是对艺术、生活有热情的人。

　　收藏者不必像投资者一样算计投入产出的关系，也不必计较未来的收益，只要喜欢、有兴趣就可以选择自己中意的藏品。一些藏品可能永远不会有高回报的市场行情，但不妨碍收藏者解读其人文的意义和修养身心。有文化价值的收藏和对自己有独特意义的收藏是不需要市场验证的收藏。

购买王雪涛《荷塘戏禽图》发票

第三十八回 上天多助有心人

再说收藏中的有心与无心。

收藏需要有一定的平台，也需要有一定的机缘。有心之人就会抓住一切机会收集藏品；无心之人可能就放弃了机会，还可能丢弃了到手的藏品。

大家都知道郭兰英老师是著名的歌唱家，但很少人知道郭老师还是一位收藏家，也是一位不错的画家。我大学毕业后，分配在中国歌剧舞剧院工作，也算是郭老师的同事了。虽然打过不少交道，但得知郭老师收藏书画的事情还是她的好友李波（多届政协委员、延安《兄妹开荒》首演者）告诉我的。

1992年，我和李波老师在她家里聊天，看到她的写字台玻璃板下压着一幅张乐平画的《三毛》，我就说"姥姥（随她的外孙女，我的同事小莉这样称呼）你在政协文艺组，还不向那些大艺术家要些墨宝。"李波老师说："我不好意思张口，这一点我比不了兰英。她都要遍了，还和我去过许多书画家的家里摘画，她收藏了不少。许多画家最喜爱的作品都送给了兰英。"我私下想，这可能就是兰英老师的过人之处，也就是收藏者的有心之处。

1999年，还是发生在中国歌剧舞剧院的事情，一位著名表演艺术家搬家。最后交房的时候，剧院行政处负责接收房子。行政科负责人告诉我，他捡到一些宝贝。他说这位艺术家遗弃的废品中，扔掉了不少字画，他认为都是不错的作品，但被表演艺术家当作垃圾遗弃了。

2000年，中国歌剧舞剧院北边的城隍庙拆除，历尽风雨的一对

瓦当

瓦当

石狮子被装上卡车当作渣土运出，我途经此处，忙与运渣土的工人商量，能否给留下来，工头十分不耐烦，说已经装车的一个就不卸下来了，另一个没装车的你可以马上拉走，一小时之内拉不走，我们就运走，我忙找到行政科长，叫他带人把剩下的一只石狮子运进了剧院。

上个世纪80年代初期，北京四周的区县农民纷纷把老物件运到北京希望有关部门能够收购，经常在剧院门口排起长队，剧院一位演员的孩子，也许是喜欢、也许是有心，就在等候的队伍中挑挑拣拣，低价收藏了一间房子的瓷器。后来在琉璃厂开起来了门店，如今也是琉璃厂有头有脸的业主了。

有兴趣的人，才会有心；真正喜欢的人，才会抓住机会收藏。列举的剧院里发生的有心、无心事例想说明一个道理：收藏就在身边，只要有心，就有机缘。

说说媒体对艺术品收藏的有心与无心。

许多媒体和收藏者一样，都遗憾或后悔失去过很多收藏的机会，与其捶胸顿足，莫如幡然醒悟，从现在起做个有心人。

2008年，我召集北京主要的都市媒体美术版或艺术版主编、负责人开了个座谈会，计划形成艺术市场信息宣传联动机制，大家一起推动艺术品市场规范发展。没成想，座谈会开成了诉苦会，多数人在遗憾失去了许多收藏机会。艺术品市场启动之前，艺术家的宣传十分困难，许多艺术家为了宣传自己，都主动投稿给各类新闻媒体，希望媒体能够刊登自己的作品，更希望能介绍一下艺术家的艺术履历。用一位都市报主编的话说：报社每天都会收到不少艺术家的作品投稿，书画作品最多，报社的版面有限，只能刊登少数人的作品。刊登完就万事大吉，作品都当作废纸卖掉了或随意给人了。如今想起来，许多投稿者都成名成家了，而当年投稿的作品都是这些艺术家精选出来的代表作，如果收藏起来，会多么有价值。几家报社的情况都大同小异，这就是无心之过。

感叹之余，也有后起之秀。给我留有印象最深的，当是北京《晨报》记者杨玉峰，当时他编辑的艺术副刊非常不错。后来他离开报社，主持了一个"芷兰雅集艺术沙龙"，编辑了一份有价值的艺术手机报。不仅体现了媒体的服务意识，还注意到新媒体的时代趋势，已经形成了在艺术品收藏界不错的口碑，这就是有心之举。

《经济日报》旗下的《中国书画》，一直是艺术品媒体中的高端

竹简工艺品

镀金工艺龙盘

埃及工艺金属盘

定位杂志，康守永先生执事以来，对杂志的办刊方式做出许多探索，结合了学术性、市场引导性和杂志的效益性走出一条新颖的办刊路线。经常和康先生探讨杂志的发展模式，非常感慨康先生也是有心之人。

西安的《收藏》杂志，多年来以细心的服务，奠定了其在收藏界的地位，成为收藏家首选杂志。杨才玉先生及女儿杨敏女士也是有心之人。雅昌艺术网由无心插柳到今天的广泛影响，也是由无心转为有心的成功案例。

这里列举了诸多收藏类媒体，几乎都伴随中国艺术品市场的发展逐步成熟起来的。媒体也发现了艺术品的积累一样是财富的体现，更为灵活的置换方式，助推了媒体发展。应该说，正是许多媒体人有心推动下，才共同营造出今天艺术品收藏市场的快速发展局面，许多媒体也逐渐有了自己的收藏积累。

第四十回

文化艺术看东西

说说西方艺术品的收藏。

最近，一位香港上市公司的董事局主席与我商量开展西方艺术品收藏的业务。他认为目前西方国家受2008年以来的经济危机影响，经济处于缓慢的发展期或停滞期，许多艺术品都在以合适的价位出让，这可能是一个购买的好时机，应该开展收藏业务。他的观点有一定道理，特别是对于纯粹的收藏者而言，确实可以考虑收藏。但对于以投资为目的的收藏业务而言，还是要谨慎出手。

对于因喜欢而收藏西方艺术品的收藏者而言，抓住西方国家经济低迷期，以适当的价格买进藏品，是一个很好的良机。我的一位大学同学，已经收藏欧式古典家具多年，已成为国内收藏此类藏品的前几位藏家。我和他沟通过，西式家具很有特点，在一定程度上，西式家具更为人本主义一些。西式家具很注重美观与人体舒适的考虑，外观漂亮，用起来也适用。而中式古典家具，更注重礼仪和威仪，但不太考虑人体的感受。有很多企业家都收藏有中式古典红木家具，摆上些日子，都放置到陈列室去了，究其原因就是不适合日常使用。搬动困难，坐起来需正襟危坐，时间长了就感觉不舒服。我认为有条件收藏欧式家具也是不错的选项。此外，钟表、相机等机械类藏品也是西方艺术品的精华，油画、雕塑、装置类艺术品也是西方艺术品的强项，也都有很高的艺术价值。

对于瞄向投资收益的投资类收藏，就应该谨慎一些。主要原因就是国内流通性不好，每个国家的收藏都有明显的文化背景局限性，局

白俄罗斯油画

白俄罗斯画家画作

俄罗斯油画静物

限性就是侧重本国、本区域的艺术品收藏。比如在中国，中国书画、中国瓷器、中式家具可能会长期占有主项的趋势。这就是收藏的地域性特点，收藏人群众多，就决定了流通性强。中国近年油画的市场逐步好转，这也是油画创作群体发展到一定规模才逐步呈现出市场流通性。但远远不如国画和书法的市场规模。中国的油画深受前苏联教学体系影响，俄罗斯油画还有一点市场，但几十年过去了，俄罗斯油画的收藏热潮始终没有出现。可见，收藏的地域性影响之深远。国外艺术品的流通性很难出现好的行情。这就是对于艺术品收藏投资的很大制约。

20世纪70、80年代，日本出现过大规模收购西方艺术品的热潮，后来随着日本经济的低迷，又大规模的低价售回西方。我收藏一件朋友从日本带回的马蒂斯速写小品限量复制品，据朋友分析，其现在购买的价格可能比日本人买入时的价格要便宜许多。如果抛开经济收益的考虑，西方艺术品是很值得收藏的，西方艺术品毕竟代表了中世纪以来人类精神文明的辉煌时代。

第四十一回

机会多多精品少

说说如何在国外购买收藏品。

因为收藏地域性等文化背景的限制，中国艺术品在国外也处于次要位置（库克等有浓厚收藏东方文化艺术品的收藏家除外）。一些外流的中国艺术品其价值还不为海外市场所重视，还有一些机会在海外购回中国艺术品。但前提是要有足够的鉴别能力。

2009年，我去日本东京参加会展。会展结束后在日本朋友陪同下去了日本东南部的一个山区小镇——"江户小镇"。这个小镇以温泉著称，由于地处偏远，很少有外籍人能够到达。小镇完美地保留了日本江户时代的遗风，全镇的人都穿着日本和服，赤脚踏木屐，犹如时空穿越的感觉，仿佛生活在另一个时代，日本朋友说就是中国诗人笔下的世外桃源。我走进一家古玩店，感到非常震惊，里面居然有大量的中国艺术品陈列。青铜器、瓷器、木雕、牙雕等都不少，其价格也很合理。我看中一件铜鼎，明代中大的器型，古朴的紫檀基座，如果用国内市场价格估量，仅这个紫檀基座就相当于整件出售的价格。遗憾的是不能刷卡购物。还有几件袁世凯时期的洪宪仿古瓷器，非常精美，也没有足够的现金购买。同行的日本朋友也没带太多的现金，商量半天，也解决不了，只好抱憾而归。

2011年，陪同我去游玩的日本朋友来到北京，她在神户和大阪买了几件瓷器，请我找专家看看，专家看过后，总体结论是有个别赝品，其他的是真品，但购买的价格不低，不是市场上追捧的器物。这位日本朋友有些失望，认为自己贸然购买行为非常鲁莽。

意大利大理石烟缸

国外孔雀法郎碗

　　2008年，我去法国巴黎，请导游陪我去逛旧货市场，买了一些小东西。特别是有些一欧元摊位，非常有意思。有不少世界各地的二手工艺品，包括中国艺术品，只是大件物品我也不能判断真伪和价格。这位导游心有灵犀，和我一直保持很好的关系，利用他到处跑的优势，经常出没于法国各城市的拍卖会和旧货市场，拿不准的物件，会发照片给我，我请专家帮助过目后再决定是否拍下。几年下来，这位导游进步很快，也快成为专业收藏者了。

　　国外中小城市的拍卖会比大城市的拍卖会更有价值，专业买家不多。特别是对中国艺术品的拍卖，竞价者不多。此外，旧货市场和古玩店都有可能淘到中国艺术品，只是需要眼力和较好的专业知识。国外淘宝需要注意：即使物品是真的，也要注意物品的珍稀程度，有些品种是海量出口的，真正的精品也不多。

第四十二回
软硬兼施可传世

说说哪些收藏品有传世价值。

收藏品的传世价值是体现在收藏品是人类社会物质文明、精神文明精华的凝结和自然世界的神奇纪录。因此，收藏品才会被人类历史各个阶段的人们一代代传承下来。是体现了人们对人类社会文明及自然造化的尊敬和叹服。

人类社会最强大的发展动力就是创造力。这种创造力在开创新的文明的同时也在淘汰过去的时代和文明，人类难以长期停滞在历史的某个阶段，也难以完整记述过去的历史，只能以文字或声像、图画来记述历史的片段。而一些器物能够得以保存下来，一些典型的器物能够相对集中反映当时的文明精华，这就是收藏品所具有的传世价值。例如，在中国唐朝，几乎所有的收藏品都能够反映时代的痕迹，这些痕迹就是制作工艺、制作理念和美学追求。如唐朝典型的艺术品代表作仕女唐三彩，反映了彩陶技术的高度进步，反映了当时的服饰时尚、反映了那时女性追求的雍容华贵。也集中反映了唐朝的工艺技术和美学观念。从唐宋时期的艺术品背后，我们可以感知唐朝的雍容华贵是风尚，宋代清瘦古奇为潮流。也可以感觉到盛唐时期的大国风范，宋朝时期的战乱连绵。也可以理解海外的华人聚集区为什么叫"唐人街"。无需多说，这些就是人们偏爱传世藏品的内在原因。

人们今天爱说的一句话：是你收藏了藏品，还是藏品收藏了你。可以传世的艺术品精品，也许自你开始收藏，也许你只是代代传承的其中一人，只代表一个短短的阶段。在这个意义上讲，藏品汲取了收藏者的

"胡"说收藏　　**96**

地质鱼化石

青铜嵌银带钩

民间灌药牛角匙

钟爱，也向后继的收藏者延续它曾有过的钟爱。因此，珍惜和善待今天有缘与你际会的藏品是应该的，它有理由集万千宠爱于一身。

当然，收藏不局限于历史文物，还有个人情趣相关的藏品、奇石、宝石的藏品、木刻、竹雕的藏品、标本、化石的藏品等等。我收藏一件鹦嘴龙的完整化石（化石类艺术品是列为文物类的种类，禁止市场交易），它代表的是自然界物竞天择的痕迹；还收有几件稀有蝴蝶标本，你会惊叹自然造化的神奇。藏品众多，能够传世的不多，这与藏品的物理属性有关，许多媒质形式是难以保存的。中国把古董也称"骨董"，既道出了形态的物理状态能够长久保存，也道出了藏品集合了历史的价值。只有陶瓷、青铜、玉石、硬木家具、竹刻、化石、骨雕、石雕、金属等种类集合了长久保存的优势，中国书画都难以长久保存。可见一件传世藏品需要满足的条件也是殊为不易的。

说说藏品存放的难处。

收藏有"收"的难处，更有"藏"的苦衷。收集藏品，可能是费些精力和财力的事情，只要有兴趣，收集一些藏品（别好高骛远）还不是难事，但如何把藏品存放好和养护好，往往是最令收藏者头痛的事。这里只说说存放的问题。

我和许多收藏者一样，只要看到买得起的藏品，往往属于冲动型的购买者，落袋为安。特别是40岁前，喜欢多元化收藏，只要我认为有收藏意义的东西，就会买回来。时间长了，家里就像个杂货铺，永远没有一个利落地方。我经常给朋友讲房间装修的道理：东西越少，房间越显洁净。我有两个多宝阁，我实验过摆放物品的窍门。每一个格子放一件物品，就显得精致和有品位；每个格子放两件或多件物品，就显得杂乱无章，就像一个杂货架。书柜摆放图书的道理也是一样。尽管极其明白简洁为美的道理，还是一犯再犯不断购进藏品的毛病，把家里弄得乱七八糟。

我收藏连环画，最夸张的时候，连环画藏书分了五个地方存放，直到目前，还难以把上万册连环画归拢到一起。还有一些其他藏品，永远封存在箱子里。这就引发了一个问题，收藏到底为了什么？如果为了朝夕相伴、随时欣赏，过多的藏品就难以存放在一处，自然就很难达到时时欣赏的目的。作为一个普通收藏者，又很难达到家有豪宅的条件，必须面对存放的困难局面。为此，我强迫自己改变了收藏策略。

首先是缩窄收藏种类的范围。尽量按照主要种类收藏，避免全面

博物馆收藏

开花。就是我另文讲的"美不胜收也要收"的道理，天下好东西太多了，不能多元收藏，防止贪多嚼不烂，既不能认真品味，也无空间存放。其次是宜精不宜多。即使是主项藏品，也要选择性收藏，主要收集那些属于精品的东西，对大路货尽量不收。再次是选择体积小的种类收藏。选择精细小巧的品种收藏，既有收藏价值，也便于存放。比如收藏邮票，就便于收藏；而收藏根雕，就难以存放，也很难说谁的收藏价值更大。

　　强调收藏量力而行的原则就包括存放空间的能力。即使有实力、有大的空间，也要考虑不要背离收藏的初衷，最好能够随时与藏品相伴，如果常年把藏品封存起来，就不再有收藏的意义。能够时时相伴，时时研究和鉴赏，才是最有乐趣的收藏。

博物馆收藏

说说收藏的机缘。

许多收藏者都相信机缘。机缘就是一种看似冥冥之中的巧合，实际上还是一种因果。对收藏者也是一样，如果没有对藏品的关注、了解、喜爱，也不会抓住所谓的机缘。关注是因，遇见是机会，属于你还是失之交臂是缘分。我很难说清自己是否有某种信仰，但我却坚信因果的关系，因果相报是永恒的道理。

在收藏界有许多传奇的事例发生，有许多机缘的故事，实际上都是一场因果。说两个机缘的故事，大家品味一下因果的道理。其一是我自己收藏连环画的机缘。我在2008年去汕头参加一个文化活动，我其实很排斥作为嘉宾参加这类活动的，但因工作需要，还是很勉强地飞到了汕头，精神状态不佳。到了活动现场，却发现正在举办关山月先生连环画原作《山高水长》（《虾球传》）的展览，得以近距离欣赏关山月大师的力作，实在是不小的机缘。活动主办方见我喜欢展览，还送我五本香港出的《山高水长》连环画，我回北京后又转送两位连环画收藏的朋友每人一本，后来北京的一家拍卖公司又送我一本大开本的《山高水远》连环画图册，一位杭州的朋友还打电话给我，要寄给我一本拍卖图册。这一系列的事情都是机缘，但起因是朋友们知道我收藏连环画。

收藏家米景扬先生在2012年春拍上拍得一幅程十发先生的大作《李昌谷诗意图》，十分开心，连称缘分。此图是米先生30年前代表荣宝斋陪同程十发先生赴日本举办展售会的代表作，日本朋友曾问

作者与米先生欣赏画作

关山月连环画作品

程十发《李昌谷诗意图》

过程先生这批画作哪幅作品最好，程先生说这幅《李昌谷诗意图》最为得意。此画被日本人收藏。没有想到30年后，此画又回流到中国的拍卖会上，米先生志在必得，好在没有人得知这幅画的价值，终被米先生拍得。恰好我当天去米先生家里聊天，米先生得意地展示给我欣赏，还拿出当年去日本展览的画册，封面就是这张《李昌谷诗意图》。这也是一段收藏界的佳话。但我还是认为是一场因果，如果没有米先生对这幅画的耿耿于怀，如果没有米先生对拍卖信息的关心，就难以成就这段机缘。

我把自己收藏连环画四十多年的经历和感悟写了一本书，书名就是《连环画情缘》，正是收藏者那份关心、关切、喜爱之情，结下了不解的缘分。收藏者实际就是不断地制造因果，风云际会之时，就是机缘到来之日。

说说高仿藏品的价值。

高仿藏品一样具有收藏价值，这是被历史证明了的事实。随着历史的发展，高仿艺术品逐步会进入更多收藏者的视野，也会逐步体现出更大的收藏价值和经济价值。

目前被市场所追捧的宣德炉，就是明朝宣德年间仿造古炉的制品，因其工艺精湛，造型古朴，甚至有略微的完善，使得这批高仿古炉一直深受收藏者喜爱，历代高官显位，文人雅士，莫不以拥有一尊宣德炉而洋洋自得。张大千的仿画，袁世凯当年的洪宪高仿古瓷等等都是备受市场追捧的藏品，高仿藏品具有收藏价值是毋庸置疑的。

为什么高仿艺术品有较高的收藏价值？主要有以下几个原因：

一、题材选择出色。之所以选择高仿，一定是被仿物件备受推崇。这个道理从古至今都是如此，所选择的原物件一定本身具有高收藏价值的传世精品神韵或者后人难以逾越的技艺门槛。我收有几件宣德炉的现代仿品，尽管没有多少机会亲近真品宣德炉，但仅观赏做工尚显粗糙的现代仿品，就可感知原品的不凡，造型古朴大气，线条简洁流畅，铜质均匀细腻，凸显出礼器的严肃端庄。

二、集当时工艺大师之能事。能为高仿者，必非常人。一定是当时的能工巧匠之翘楚。前些年故宫博物院、国家博物馆都重头推出一批限量高仿文物，参与仿制的人员不仅有多位工艺大师和高级工艺美术师，还有一批文博专家，应该说集中了国内这个领域的主要力量，制作工艺复杂，神韵要求苛刻，以这样方式制作出来的作品，本身就

今仿宣德炉

有较高的工艺价值。也是后人难以超越的艺术精品。

三、出身名门。高仿艺术品出品者，绝不是闲杂之辈，或是国家相关单位，或是实力雄厚企业，也会名正言顺地打出高仿旗号。一品一证，手续齐备。这类高仿品显示出信心和诚信，绝非坊间所出挂羊头卖狗肉的投机取巧之作。

艺术有一个学习、模仿阶段，尽管需要创新，但在原有一些艺术巅峰之作面前，创新是极为困难的。就如唐诗宋词，后人难以逾越的道理一样。能够集业界精英仿制出前人的精品力作也是难能可贵，自然有极高的收藏价值。

此外，坊间也有能人，可惜没有人愿意走公开的高仿之路，多数人还是选择了以赝品充真品的歪路。还是谋取暴利的利欲熏心，扰乱了市场秩序，也顶着法律的风险。也只有恶因成果之时，才能醒悟吧！

第
四
十
六
回

红
花
须
得
绿
叶
扶

说说藏品的保养。

藏品的存放是个难题，藏品的妥善保养更是门学问。藏品的种类不同，保养的要求也不同，我也非此种门道里的专家，只是说说一些基本的原则。

一、尽量少变换环境。艺术品无论是什么媒质的材料，都对环境有基本的要求，特别是对湿度的要求很高，过于潮湿的环境对于任何艺术品都是一种损害。我从福建请了一尊黄杨佛像，造型美观大方。十几年过去了，木雕开裂了一条缝子，束手无策；我从越南带回的木雕，也多数出现裂痕；我近期买进的越黄随性笔筒，几乎每天开裂，专家周默说是笔筒底部应该打个洞，但我认为南方新进的木材都难免开裂，这就是环境变化引起的问题。家庭收藏很难有恒湿恒温环境，对艺术品都有不同程度损害。即使在家庭里，不同的房间也有不同的小气候，如果艺术品没有出现损害，就尽量维持现状，少移动，少变换环境为佳。

二、营造小的保管环境。对于小件竹木雕和小件玉石、化石类物件，最好使用相对密封的玻璃罩保养，内置放水的容器，可以在局部环境优化。连环画或书籍收藏可以自备塑封机，看过就塑封好，能最大限度保护纸张的变黄或氧化，也防虫蛀。

三、及时清理汗渍。藏品经常用来欣赏或交流，难免与朋友分享快乐，可以备上一些白手套，鉴赏时戴上手套观看。金属器物或竹木雕刻、玉石类物件，做不到戴手套鉴赏，可以在鉴赏后及时用干布或

对生葫芦

墨西哥大叶花梨笔筒

连环画保养

绒布擦拭一遍。汗渍对所有物体都有损害可能。

四、减少翻动和挤压。比如连环画，翻阅一次就损害一次，每天翻阅，就等于判了死刑。还有一些藏品即使质地优良，长时间挤压，也会损害藏品。例如我有两张宣纸拓片，叠放好压在书堆里，重新打开都很困难，几乎粘连到一起了。

五、慎重使用化学合成的保养剂。比如有人习惯用"碧丽珠"保养家具，也有人给木制品打蜡，也有人用除锈剂给金属类器具除锈，也有人用酒精棉擦拭油画等等，都要谨慎而为之。时间长了都会损害艺术品。

六、严防日晒。一些画廊为了招揽顾客，把一些书画作品展示在橱窗，几天就会看到变化，几个月下来，已经面目全非了。书柜的藏书、展示柜的陈列品都要防止在阳关下直接照射，包括强灯光照射，都会加快藏品氧化。

许多艺术品极其娇贵，需要精心保养。防尘、防水、防火、防晒、防潮、防蛀都是基本的要求，保养的知识也非常专业，例如田黄的保养，得法的保养会养活藏品的精神；不得法的保养会把藏品变成石头。书店有介绍专门保养知识的书籍，互联网上有藏友的保养心得交流。品种不同，保养的方式就不同，需要收藏者细心体会。

说说藏品的保管和整理。

收藏的乐趣不仅仅是占有，还有探究及整理的快乐。精心梳理的藏品犹如藏在绣楼里的爱女，疏于管理的藏品就如仓库里的杂物。

以前我不知档案目录的学问高深，后来才体会到它的重要和难度，实在是一门不小的学问。也认识到善于分类管理不仅对收藏有好处，而且对做人做事有益处。我认为"物归原处"应该是一个人最重要的习惯之一。同样，对藏品的梳理和保管也需要有一定之规，不能过于随意。说说经验和教训：

一、做好收藏目录。简单的做法是记流水账，即某年月日，收进什么物品，价格多少，有无备注。复杂的做法就是建立收藏档案。好在现在电脑应用广泛，可以满足建立收藏档案的一切条件，按照品种分类，按照细致的科目列示明细。例如连环画收藏，大类是"连环画"，分类是按"出版社"分，最好在明细科目列示以下信息：序号、书名、作者、开本、价格、版次、印量、是否是套书、备注信息（存放处）等，可以及时用数码相机拍下封面。这样就对藏品有了图文并茂的档案信息，不仅随时了解藏品的数量，还便于查阅，甚至不用翻阅就能了解大概信息。

二、存放有序。还以连环画收藏为例，就是把某一出版社的连环画放在一处，不仅查阅方便，而且摆放也整齐，图书系列看得很清晰。也便于了解缺书或多书的情况，可以及时补救或转让。物归原处的原则也好落实。

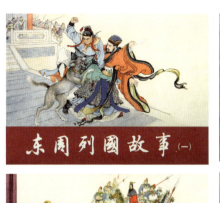

连环画

三、贴插标签。每件藏品可以贴上或插入标签，主要标注名称、来源、年代等重要信息。比如瓦当的收藏，最好能够及时贴上标签，这类信息时间久了就会忘记。我收有几大书院的瓦当，时间久了，就忘记了哪是哪了。这对以后研究或总结非常重要。

四、定期保养和检视。现代人的工作学习压力都很大，每天都很忙，时间长了就容易忽略对藏品的关心和保养。应该提示自己定期保养或检视藏品。我一天和朋友说起瘿木的收藏，我打开盒子给朋友展示藏品，发现有些藏品已经出现霉点，是因为新木头又没有及时保养。朋友开玩笑说：再不看看就长木耳了。夏季潮湿季节时，一些藏品需要透风，晾晒。

五、特别贵重的藏品需要专业条件保管。一些宝石、黄金、古董、名画，价值巨大的，家里不具备条件的可以委托银行或专业艺术品恒湿恒温仓储机构（如北京皇城艺术品交易中心有此项业务）来妥善保存。

收藏在于把玩儿，闲暇时系统保养藏品也是一件乐事。

说说如何在大众藏品市场淘宝。

藏品种类丰富，除了一些特殊藏品是直接来自特殊的渠道外，多数藏品还要来源于市场之中。如何从市场中淘得物美价廉藏品，还真有些窍门。

这里以佛珠（手串）收藏为例说说藏品的淘宝过程。首先要了解藏品的主要市场信息。佛珠是现代都市人非常喜欢的饰品，也是大众收藏的品种之一，许多材料都可以制成佛珠，这需要根据个人的喜好选择材质，材质确定了，就要广泛收集相关市场信息，了解某种材质的佛珠主要的生产地和主要的销售市场。并学习一些基本知识，如果喜欢花梨佛珠，就要了解各种产地不同的花梨，价格是有很大差别的；沉香也有不同的种类，价格区别也很大；几乎种种材质都有不同的档次规格，价格也有不小的差别。其次，先多跑几个市场。主要比较价格差异和请教一些知识门道，售卖者多少会懂得一些常识，只要不偏听偏信，也就对某种材质的佛珠有了高下之分，就可以买一两串体验了。再次，寻找到货源批发市场，这种市场的特点是种类齐全，可选择藏品数量多且价格便宜。

收藏佛珠就不是只买一串玩儿，可能要买很多串，就要对整个市场有全面的判断。尽量避免在宾馆、珠宝行这些地方购买，其价格会相差多达10倍。我收藏黄花梨佛珠，2012年以1000元价格购得一串直径2.5厘米的越南黄花梨佛珠，许多朋友感觉非常好，也想购买，后来一个朋友在一个门市店看到相似的手串，价格是12000元。艺术品市场

黄檀木手串

金丝楠木手串

越北花梨手串

黄檀木手串

就是如此，不了解全面信息，就可能"挨宰"。如果是收藏，就要少花冤枉钱。

以我的经验看，从来不指望到艺术品市场去捡漏，只是需要按常识判断人工费和材料费就可以了。比如我买了几件仿宣德炉，我从来没有花过200元以上。也没有必要漫天要价就地还钱，按自己的心理价位出价，卖就买，不卖就走，不去恋战。也没有必要玩命杀价，过于苛刻，可能会引起口角，本来就是玩儿，何必太认真。

高端收藏与大众收藏有很大不同，主要区别是渠道特殊。不存在很大的市场。只有经过训练，才能看出那个门店有真东西，就如同购买高档服装一样，去北京动物园服装批发市场要买高档服装，一定是悖论。淘宝只是说大众收藏品，可以多比较、多转转，少花一些冤枉钱而已。

说说高端收藏市场的藏品寻觅经验。

1995年，文化部机关党委组织几十位著名演员举行"重走长征路"文艺巡演活动。我随行前往，一路走来，历时32天。期间我陪周恩来特型演员王铁成逛了几次古玩店，学习了一些收藏知识，包括如何判定什么样的古玩店会有真东西。

王铁成先生是中国儿童剧院的一级演员，是电影《周恩来》中周总理的扮演者，也是一位收藏家。王铁成先生极其睿智，受北京环境的影响，对北京文化有深刻的认识，特别是对文化艺术品有浓厚的兴趣。在其北京的别墅里，营造了一个博物馆的氛围，800多平方米的房子，陈列了他多年的收藏成果。在长征路上，也是不断地买古董。他与我逛街告诉我：在一条文化街上，不能每家门店都进去，一些店走进去，不仅什么好东西都没有，还污了眼睛，有时还会惹气。比如你看到那些糟蹋老祖宗精粹的伪制品，令人心痛和气愤。先看牌匾，有品位的老板，断然不会挂上一块印刷体的牌子，一定是名家题匾。再看橱窗陈列，如果是大瓶、大罐或明显的工艺品就不要进去了，三是走进门口，扫一眼，如果感到新气逼人，就立马走人，只有你能感觉到气场对（藏品陈列的品位和风格）、很舒服，才能走进去看东西。我以后反复验证，此言不虚也。

王铁成双眼炯炯有神，往往是进到一个铺子，仔细扫过一遍陈列藏品，就会说："还有东西吗？"多数时候，铺子老板会从柜台下面或

博物馆展品

里间取出一些不摆在明面上的东西。铁成老师会认真地观察，如有中意的藏品，就会商量价格。我会敲敲边鼓，说这位是电影明星，周恩来的扮演者，这时氛围就会马上变化的微妙起来，价格也会给很低折扣，多数时候会顺利按铁成老师给出的价格成交。出了铺子后，铁成老师会一挑大拇指对我说："小胡，你知道这东西能在北京值多少钱吗？"我摇摇头，他会得意地说："至少多一倍价格。"

　　后来我去铁成老师家里聚会，走马观花地观看了他的藏品，才知道他是一个地道的藏家。传授给我的经验也是经过许多历练才总结出来的。我现在去各地逛古玩市场，基本是按照铁成老师的经验选择铺面，也会老练地说：还有东西吗？拿出来看看。俨然是个老藏家的做派。只是眼力比起真正的藏家相差了不少。

第五十回 只缘逢面不识君

说说收藏意识普及的意义。

另文提过我对中央电视台《鉴宝》栏目的看法，最主要的还是肯定《鉴宝》对收藏知识和收藏意识的普及作用是功德无量。一些原因致使节目停播了，很是遗憾。《鉴宝》所起到的对收藏和回归中国传统文化作用，是其他媒体栏目难以替代的。收藏意识的普及意义在于会促进大众发现文化、珍惜文化、思考文化和保护文化、传承文化。减少人为的对文化艺术品的破坏，更要避免出现文化大革命时期对文化艺术品的"浩劫"。

我亲身体会的几件事情，说明了收藏教育也是一种素养教育，做得不够，就会每天都出现人为地损害文化艺术品的行为。

1988年，我刚刚到中国歌剧舞剧院工作，分配我去舞美处做出纳。舞美处在潘家园附近，当时还很荒凉，还没有今天的潘家园古玩市场。在舞美处的库房里，有两把工作人员当作椅子坐的花梨圈椅，极其沉重，是当年军阀宋哲元家里的东西，当时，我宁愿坐折叠椅，也不愿做这对圈椅，根本没有把它当作好东西，后来也丢失了。

我在1990年主持剧院行政处工作，摆在我面前的一道难题就是地下室堆满了大型舞蹈史诗《东方红》《中国革命之歌》的道具、服装、枪支就有一大垛。还有江青支持下改良、创制的大量民族乐器，我都叫不出名字，奇形怪状，五花八门，应该有一部分乐器还是有价值的。因为"四人帮"的垮台，这些乐器都躺在地下室里，落了厚厚的灰尘，只能当垃圾来处理了，但是最遗憾的是那些做乐器的木料，

斯坦福校园雕塑

都是贵重木材，我只是随手捡了几块雕花部件来玩儿。后来，我离开剧院，也没有再关心过这些库存改良乐器的去处。现在想起来如果有今天的收藏意识，我一定会妥善保管这批有历史文物价值的道具和乐器。

本世纪初，天坛开始大规模维修，许多残破的琉璃瓦被置换掉，我那时开始关注瓦当收藏，就到现场找到一个小负责人，建议把置换下的图案完整的琉璃瓦保存下来，那位负责人满脸的警惕，警告我："这些残瓦只能当作渣土处置，任何人别想打其他主意，再纠缠就报警。"很遗憾地眼看着这些极有价值的瓦当被当作渣土处置掉了。这就是缺乏保护意识的野蛮行为，无意之间，损失掉极珍贵的藏品。

一路走来，这样的事例很多，我和他人就是没有珍惜文化艺术品的意识。而《鉴宝》节目播出后，国内的收藏意识大大地普及了，实在是功德无量的幸事。

第五十一回
无法无章任自流

说说机构、单位的收藏品管理。

新中国成立后，逐步形成一种公私分明的格局，就是机构或单位基本都是公家的，许多建国初期的国有组织都或多或少积存一些今天看作收藏品的文化艺术品，因为当时的特殊历史时期，几乎没有人意识到这些资产的收藏价值，疏于管理，多数损坏或流失了。不能不说是件不小的憾事。

我毕业分配在中国歌剧舞剧院，剧院的前身是中央实验歌剧院，接收了军阀宋哲元的部分房产和家具资产。随着剧院不断迁址，许多家具、房产都变得面目全非了，只有一些笨重的家具还遗留了下来。但也没有人把其当作贵重物品看待，连资产账都懒于列入其间。1995年我参加文化部"重走长征路"活动，结识了王铁成先生，才知道应该珍惜这些硬木家具。应王铁成先生之邀，我们几位长征路"战友"去王铁成家里做客，在他的大客厅正中摆放一张花梨木条案，约50厘米宽，250厘米长，3厘米厚。铁成先生说这是他看到的最大的花梨条案，他花了30万元买下的。我看了后，对铁成先生说。你这个条案比起我单位的条案，就是小巫见大巫了，我单位有一个花梨条案，厚6厘米，宽80厘米，长450厘米。典型的清代做工，那才是极品。铁成先生听后，约我有时间去剧院开开眼。

我回到剧院发现这类资产的管理问题很复杂。如果按固定资产计入，一是没有取得资产的发票，不好估价入账；二是无法正常计提折

斯坦福校园雕塑

旧，这类资产越存放价值越高，与一般资产管理出现的折旧问题背道而驰。适逢国家对事业单位进行大规模资产清查，可以按评估重新计算资产，我把这个条案按30万元计入了固定资产，登记注册，防止流失。

机构的文化艺术品不仅很难列入合理的资产项目，还有一个问题就是难以处置，即使有人购买，也没有领导敢于决策，而评估价值又没有这样的资产评估机构。2008年，一位福建商人去歌舞剧院考证了条案，出价60万元。剧院也不知如何办理手续出售。只好把大条案当作养花的花架或堆放杂物的柜台。

据我了解，许多老单位都存在这样的问题，比如美术馆的藏画、公司的藏画，都没有明文规定如何计入资产，管理好的单位，会有明细台账管理；管理不好的机构，就逐步散失掉了或堆放在仓库里任其自生自灭。

再说机构收藏品的资产管理。

我个人揣测：国家实际上是一直不提倡法人单位来收藏或购买艺术品的。尽管也没有法律条文来禁止单位购买艺术品，但一直在资产管理方面，没有明确的艺术品资产账务处理的相关准则，也没有艺术品资产评估方面的相关规定。这与文化艺术品的资产性质特殊有很大的关系，同时，也是防止法人机构出现通过艺术品购买"洗钱"问题。

这个问题讨论起来比较复杂。但是不能因噎废食，现有的机构已有的文化艺术品还是需要有妥善的财务处理办法的。特别是一些普通产品经过了时间积累，会成为珍贵的艺术品，需要有相应的评估增值办法，来确认藏品的价值。例如，一些字画、唱片、家具等在一个时期可能是普通的消费品，但过了几十年就可能成为收藏品。但不完善的财务管理制度和国家缺少相应的确认新增价值评估办法，就可能造成资产流失。

2002年，我处理了中国歌剧舞剧院的图书和旧唱片。按照当时的情况，卖废品是最简单的处理方式，但当时许多旧书和老唱片已经具有明显的收藏价值。我如果拿到收藏市场去处理，一定会卖出高价，但不符合办事程序。我觉得卖废品的方式实在是糟蹋东西，经多方联系，旧书处理给中国书店；老唱片有偿给了一家艺术馆。剧院获得很高的收入，图书和藏品也各得其所，能够继续发挥藏品的作用。

2005年，我去杭州灵隐寺与其主持喝茶，光泉法师也提出同样的问题，灵隐寺有很多书画藏品，但寺里也无权处置，又没有很好的存放

卢浮宫藏品

条件的库房，加上气候潮湿，许多书画都受到损害。后来我们杭州工作站帮助设计修建了一个展示厅，还是难以解决收藏保存条件问题。

还有一些宾馆、会所，也都有大量的艺术品藏品，有些没有资产账，有的有登记，这些藏品的处置都极成问题，也许流失可能是一个被保存下来的唯一途径。而现行的资产管理制度，极其含糊，又没有能力妥善保管，这种情况就像一些文物流失到国外一样，放到国外的博物馆里至少比放在国内疏于保管的仓库里要好一些。并非我赞同艺术品流失到海外，只是对当前的做法感到无法理解。

有一些问题是无法回避的，只有去面对它，解决它，才是积极的态度。不能睁一只眼闭一只眼，最后的结果往往是鸡飞蛋打，要么资产流失，要么损毁在仓库里。国家应该推动文化艺术品产权交易平台，让文化的软实力变成真正的财富，也让珍贵的艺术品得到妥善的保存。

说说怎样看待收藏鉴定专家的评价意见。

我因工作的关系，结识了很多艺术品鉴定专家、学者及市场摸爬滚打的人士，逐渐对整个专家队伍有了一个大概的了解，结合多年的经验，总结以下看法：

一、尊重专家。能够在艺术品鉴定专业领域里有所建树的人士，是值得尊重的。他们无论有怎样的经历，最后能在专业领域中占有一席之位，绝大多数人并非浪得虚名。这些专家应该说都是在某些领域下过大工夫的，有过非常人所拥有的特殊经历和环境，即使没有多大灵性，经历和环境都促成他们比常人拥有更渊博的专业知识。在某个领域看过、摸过、听过、读过的有关见识优于常人。所以，有理由值得尊重。

二、各有千秋。我认为专家就是一个"专"字，"专"代表一定的领域、一定的长项、一定的权威。贯通古今不是专、博览东西不是专、涉猎广泛不是专、浅尝辄止不是专、只知皮毛不是专。比常人多知道一些也不是专家，专家是在某个领域纵深研究者。由于文化艺术博大精深，一个人的精力、能力、阅历毕竟有限，穷其一生，能通晓某一领域的学识就不容易了。所以，专家各有千秋，不能以偏概全。

三、德艺难全。我们国家非常推崇德艺双馨的专家，是因为这样的专家不多。专家都有骄傲的资本，能够在品行上约束自己的比常人更不容易，所以，德艺双馨者不多。妨碍专家品行的障碍主要是心胸和利益。由衷钦佩同行的不多，唯我独尊的不少；知足常乐的不多，利益驱动的不少；低调细语的不多，妄言大论者不少。诚信也一样时

俄罗斯油画

时刻刻考验着这些鉴定专家的良心。工作性质使然，顺行则皆大欢喜，逆言则乌云翻滚，专家也不容易。

四、不要迷信。和专家相处得越多，越了解专家一样是常人，没有神秘的外衣，也没有耀眼的光环。一样是因果的道理，专家如同演员，三言两语，背后是20年、30年的苦功。专家一样有挫折、一样有教训、一样有迷惑。大千世界，有谁能够通晓万事；历史悠久，又有谁能如数家珍。特别是一些专家自己飘飘然的时候，更会犯妄言的错误。没有必要迷信专家。对于单纯的收藏而言，真如何？假又如何？不过都是一个心得而已。

我确实佩服几位专家，懂与不懂他们都敢坦言。这样的专家才是值得信赖的专家。我也实在是不看好一些专家，拿起瓷器说瓷器，拿起玉器说玉器，拿起古籍说古籍。对这样的专家也就权且听之，但千万别当真。

再说收藏鉴定的权威性。

2007年，我举办一个艺术品评估研讨会，请来一位泰斗级专家坐镇。休息时陪泰斗级大师聊天，随手把放在手里玩的假古玉给大师看看，大师看了一会，对我说："此玉你要好好保存，最晚也是北宋早期的物件儿。"屋子里的人都向我投来羡慕的眼神，没有看出来，我还有这么值钱的宝贝。只有我是心中不是滋味。此玉是朋友从青岛地摊上150元购得两块，送我一个，自己留一个，认为雕工不错。我早就认定此玉是伪品中的伪品，因为此玉正面雕的是汉龙，背面刻的是甲骨文，甲骨文到汉代时期早已消失，只是清末民初才逐渐发现。可谓驴头不对马嘴，说是伪品中的伪品，就是说造假者把不是一个时期的古图和古文集中到一件赝品上，实在是水平拙劣。我随手给大师看，没有任何想考量大师水平的念头，只是怕聊天没有话题而已，没想到弄出一件大师看好的"文物"。我最遗憾的恰恰是大师不负责任的言论。我绝对相信大师的学识，他那些著作都彰显了其考证、考据学术方面的地位。我都能看出的问题，他如何能看不出来，除非真是人老了。后来几次文物界判断失误的事件都和这位大师有关，我这件玉器相比起来只是一个小小的插曲而已。

我后来反复琢磨此事，或许是悟出一点道理。一个人一旦冠上"泰斗"、"大师"、"专家"的帽子，就有些不能承受桂冠之重。就要表现出领域里的权威性，只要拿来物品，就能够说几句。否则别人会怎么看。太把那些帽子当回事儿了。还有一位年轻的鉴定专家，到我

翡翠雕件

翡翠把件

仿制古玉

办公室聊天，谈到高兴处，他对我说："主任，其实天下文物是一个道理，一门通则百门通。我现在很多门类都可以鉴定。"我当时就很不高兴，我对他说："你这么年轻，怎么敢这样说话，你的话中有一定道理，所有的文物都集结了人类文明的精华，这是相通的道理，但术业有专攻，不能忘乎所以。"我后来一再对艺术品评估委员会工作人员强调：不允许专家跨领域鉴定。

专家应该尊重，也值得尊重。但专家一旦把自己当作了全领域的专家，其品行和学识就要打问号。我另文提到过一位日本朋友失误从日本买回一些瓷器，就是事先请了一位玉器专家给看过事先拍下的照片，玉器专家说东西不错。敷衍的言论误人误己，最终伤害的还是专家一辈子搏来那点声誉。

说说藏品鉴定的难处。

2012年5月25日上午，我与民生银行一位副总裁及他的两位同事在皇城艺术馆讨论艺术品评估鉴定的体系建设问题，我讲了几点艺术品鉴定的难处。

一、考证很难。比如一些字画，特别是精心高仿的字画，几乎没有考证的依据。有一个研究所，做了一个课题项目，搞了一批仪器，并做出了科学鉴定成果，请我作为课题验收专家之一参加论证会。其课题原理是这样的，首先取得原画，提取各种元素，留存数据，然后对假画就可以鉴定了。我认为这样的课题是个伪课题，如果都有原画，还何必用如此麻烦的办法来验证假画呢。如果有考证的依据，鉴定真伪就不困难，但目前的问题就是参照的依据不完善。

二、科学鉴定无力。比如古玉、古瓷的鉴定，远不如珠宝鉴定容易。珠宝都有科学的数据可参照，媒质也有固定的机理分子结构。而玉器就复杂得多。美石为玉，高古玉多是石头，无从以科学的数据分析。瓷器也是如此，除了作伪者大量采用现代化学材料外，仪器鉴定也困难重重，需要有样品参照支撑。

三、个性化太强。文化艺术品有典型的唯一性，非标准化产品，一花一世界，一草一菩提。无法以标准化依据去断定真伪。同一个艺术家，创作同一题材作品也多有变化；同一艺术家不同时期作品风格也有不同；同一艺术家在相同时期，在不同环境、不同心情下作品风格也会迥异，都带来鉴定的难度。

俄罗斯油画

　　四、仿制手法多样。当年在雅昌印刷公司，启功先生自己也挑选不出哪个是印刷品，哪个是自己的作品，可见仿制技术和手法的多变和高超。我认识一位专家，出于个人兴趣去仿制古玉，其他专家也辨认不出。还有许多这样的例子，都说明仿制技术是不断进步和变化的，无论包浆、还是材料几乎近于完美，不断给鉴定带来新的挑战。

　　五、别有用心。别有用心是指个别与艺术家有密切关系的人参与作伪。为了谋求利益直接签名、提款、盖章等行为。有的是鉴定专家碍于面子违心提拔；有的是艺术家有亲缘关系的人不负责任擅用名章；有的是艺术家本人请人代笔提款盖章，都是名利场的作用使然。

　　六、个人意气。一些艺术家或家属出于个人意气或恩怨，不惜指鹿为马，也非常让人头痛。

　　还有一些原因都造成艺术品鉴定的巨大困难。仁者见仁，智者见智，莫衷一是都是鉴定过程中很正常的事情。

第五十六回　有形之物看无形

说说藏品资产价值评估的困难。

　　不知朋友们注意过没有，自古以来就没有出现过完整并公认的艺术品资产评估理论。即使在欧洲等西方非常注重科学评估理论的国家，也没有形成艺术品资产评估的科学体系，可见艺术品资产评估的难度。

　　我个人一直有一个追求，就是在艺术品资产评估领域做点事情。一篇论文写了五年，也没有截稿，实在是心有余而力不足。其主要原因是艺术品资产的价值主要体现的是无形资产价值，无形资产是难以依据数据支撑的。比如说一片瓦当，在绝大多数人眼中，仅仅是一种建筑材料，而在藏家眼里可能重逾千金。公正的评估就一定要寻求能够说服大多数人认可的物品背后所隐形的无形资产的显著道理。

齐白石《红梅喜鹊》

　　每天在世界各地，每时每刻都有艺术品交易发生，说明艺术品一定是有估值的，交易双方一定是共同认定了价格才可能成交，说明交易双方心理都有一杆秤，都在掂量其价值。这个掂量的过程，就是评估的过程。那么就一定可以归纳出科学的评估元素数字模型。新制作的工艺品很好估值，这近似于普通商品的估值办法。即原材料加上加工成本，再加上一定的利润就可以评估出价值了。但是对于收藏品而言，就变得复杂而难以计量了。

　　艺术品评估的困难性和多变性在拍卖会上体现得淋漓尽致。比如齐白石的一幅画作，按照当时的市场行情，可能所有的竞拍人都有一个基本的估值。但结果一定是出乎多数人的预料，可能高出估值的

韩美林紫砂壶

瘿木垫圈

数倍、甚至十倍。那么，我们是否认为拍得者不懂此幅画的真正价值呢？可能不那么简单。艺术品价值评估的难处就在于更加抽象化和难以把握。

关注艺术品藏品市场的朋友知道，很多行情会看不懂，但行情就这样来了，而且不知会走多远。这就是艺术品评估的难点所在，即使抛开人为炒作因素，也存在许多难以把握的心理因素，这些因素恰恰是艺术品资产价值评估的关键因素。

我认为多数因素是有章可循的。比如作品的创作者是谁，作品反映了那些历史文化内容，作品的艺术价值如何，当代人的价值取向，作品的稀缺程度，当代人的需求倾向，作品的品相程度，此类艺术品的年平均增值幅度等等都是艺术品资产评估的要素。但这些要素确定起来是非常困难的，就造成这个瓶颈难以突破。

说说收藏品的交流尺度。

收藏者自然要关注收藏信息，藏友之间的交流也是很平常的事情，这类交流形式有私下交流、市场交流和会议交流及主题交流会、拍卖会。我认为如果不考虑市场效益的话，交流就要谨慎，最好不要深陷其中。

收藏的目的是娱乐身心或为了自己的一些情趣，总体上与外界没有太大的关系，要坚守这样的原则，防止身不由己跟着别人屁股后面跑或者跟着市场行情跑。以投机或投资为目的的收藏行为是要密切联系市场的。

交流有必要，也有快乐。与藏友分享藏品的乐趣和交流相关的知识是必要的，在收藏中学习、在收藏中结识朋友都是交流的主要作用。但是过于密切的交流就可能产生一些副作用，会迷失收藏的初衷。这些副作用主要体现在：

艾轩《暴风雪刮了一夜》

一是容易斗气。藏友在一起，容易彼此显摆自己的得意藏品，难免彼此斗宝，比较过程中就难免伤和气。本来是娱乐身心的事情，却弄得很不愉快，实在没有必要；二是容易不顾自己承受能力去购买藏品。交流的结果会走上一条没有止境的路。会为了面子而买藏品。这是一件很忌讳的事情；三是会被卷入逐利的圈子。打破收藏初期定下的原则，效仿他人追逐利益，往往一发而不可收拾；四是交友泛滥。收藏圈里什么人都有，经常参与交流，有可能碰上宵小之辈，会带来无休止的烦恼。

瓦当

鼠型砚台

　　我在《连环画情缘》中写过："在藏书的过程中，我始终坚持自己的原则和习惯，一是不贪多。收藏是自己的事情，不必去用数量和价格与他人比高低；二是不深究。和许多藏友不同的是我只注重风格和画感，对不喜欢的风格和技法，敬而远之。也做不到对连环画作家如数家珍，这也是自己一直很惭愧的弱项；三是少交流。连环画收藏市场也是'风起云涌'，但不为所动，依旧我行我素，虽然也通过相同的爱好结识了一些朋友，但我并不愿参与聚会和大规模的交流活动、拍卖活动，爱好就是爱好，不能成为谋生的职业，如果执意如此，便失去了最初收藏的意义；四是勤于体会和思考。体会收藏的乐趣、作品的精彩、作者的用心和思考连环画的发展前景。"

　　收藏其实是玩，玩物是生活中的消遣，平添几分情趣而已，收藏贵在于"玩物"而不可"丧志"。莫让交流影响了正常心态和原则。

说说我的陶俑收藏。

陶俑是中国很普遍的一种陪葬品，它的出现代表中国历史文明的一种巨大进步。在中国的原始社会，由于生产力低下和财富积累困难，人死了也没有什么陪葬品，最多就是把死去的人用过的工具作为陪葬品一起下葬。到了奴隶社会后期，厚葬之风在奴隶主阶层兴起，奴隶主不把奴隶当人看，下葬的时候，会杀死奴隶殉葬。其原因是"侍死如侍生"，就是奴隶主在阴间也要有奴隶侍奉。个别地区甚至活埋奴隶作为殉葬。到了封建社会初期，这种不人道的殉葬方式被废弃，就改用了以陶俑来当作奴仆殉葬，这不能不说是人类文明的进步。

在众多身份的陶俑中，有一类演艺陶俑非常别致。取材于达官显贵生前所喜爱的音乐歌舞，所以，这类演艺陶俑基本能够反映当时的文化形态。由于我一直关注演出市场研究，也就引发了我收集歌舞伎陶俑的兴趣。歌舞伎陶俑反映了几点重要的文化信息：一是服饰信息。在考古现场的挖掘中，墓主的服饰已经灰飞烟灭了，而陶俑却会完整地表现出墓主所处时代的衣着服饰；二是表演的形式。歌舞陶俑反映了基本舞台形象，乐器陶俑反映了鼓乐的形式；三是可以看出当时流行的演出规制。有独立的歌舞俑、有群俑、有整齐的乐队规制；四是可以看出乐器的演变历史。五是可以看出各时期的文化风尚。

一些陶俑造型逼真，神情生动，实在是珍贵的艺术品。我收集的陶俑我认为都是复制品，共有20几个，翻模技术不错，基本与博物馆陈列的不差上下。无事时摆摆队形，也有很多乐趣。我最喜欢的一个汉代歌舞俑，从湖南购回，造型优雅，仪态大方，舞姿生动，我把它摆放在办公室的窗台上，百看不厌。遗憾的是在2008年被打扫卫生的阿姨不小心碰碎了。第二天这位阿姨找到我道歉，说要赔钱。我安慰她说："那是假文物，不值钱。"我内心却极为惋惜。

演艺陶俑多出现在春秋战国至唐宋时期的古墓里。宋代之后出现的最多的是陶制舞台。我对陪葬品的收集本身就非常抵触，尽管是复制品，也仅限于演艺陶俑。唐代的唐三彩技术把陶俑艺术推向了高峰，也有许多演艺陶俑。我本打算用历代演艺陶俑为线索写一本《中国古代演艺史》，也收集了大量图片。后来感觉工程比较浩大，也就打住了念头。不知以后会不会有时间完成此事。

乐俑

说说我的贝壳收藏。

贝壳收藏是属于对自然界标本类收藏。这类收藏体现的是对大自然神奇之手自然造化结果的崇拜。这类自然收藏包括动植物标本、动植物化石、天然矿石、玉石原石、翡翠原石、钟乳石、水晶石、奇石、植物果实类收藏。对这类收藏争议比较多，主要问题反映在三个方面。一是环保方面问题。此类收藏多数涉及对自然界的破坏基础上，比如珊瑚石收藏，钟乳石收藏，紫檀、黄花梨等贵重木材收藏，沉香等香料收藏，玉石原石收藏等，对环境破坏后果相当严重。如海南黄花梨收藏直接导致树种濒于绝迹，中国西南地区溶洞的钟乳石破坏严重。二是动物保护方面问题。动物标本收藏、象牙雕刻收藏、动物骨雕收藏、角雕收藏、动物皮毛收藏等，导致难以估量的损失。在东南亚一些国家野生的大象接近80%被锯掉象牙，中国的藏羚羊也险些遭到覆灭性猎杀。这类收藏也是世界动物保护组织深恶痛绝的对象。三是法律方面的问题。多数国家都对动植物保护出台了法律法规，旨在保护环境和珍稀物种、品种，包括象牙制品、原料及脊椎类化石等种类。如象牙类保护措施已经成为世界性公约。所以，收藏者要密切关注以上问题，尽量不以一己之私，造成千古遗憾。

我在大连读大学期间就收集了一些贝壳，可能自小在海边长大的缘由吧，对大海一直有一种感情。但是北方的海很少出产美丽的贝壳，几个海贝也是在大连星海公园买来的南海产的贝壳。贝壳在人类历史上被当过货币使用，可见其珍贵。后来有了金属货币，贝壳的地位就下降了。能够被当作货币，一定是一种难以取得的物品。

参加工作以后，对贝壳的兴趣依然不减，利用去海边城市出差的机会，购买许多贝壳。在贝壳收藏中，虎皮贝是一种最常见的贝壳，但精品也不多。我买过一对拳头大的虎皮贝，非常对称，极为难得。还买了一只王冠螺，如橄榄球大小，也是精品。此后还买过鹦鹉螺等珍稀品种。贝壳类收藏注重外形漂亮、图案美丽和色泽绚丽。五光十色是海贝收藏的追求目标。海贝收藏讲究天然完美，不能有加工痕迹。许多商贩不懂其中的道理，往往画蛇添足，把好好的贝壳做了许多人为的加工。比如把海螺加上一个笛片，或者刷上一层清漆，或者缀上一些流苏、或者穿上红绳，更有甚者写上旅游留念等字样，实在是暴殄天物。

自然类收藏应尽量保持原貌，无须留有过多的人工痕迹。

当代雕塑

当代雕塑

贝壳

当代雕塑

第六十回
别因小私损大美

说说收藏中的法律问题。

求奇好古是收藏界的普遍规律，收藏者走上收藏之路就难以跳出规律的圈子。我一直强调修养心性和谨慎交流，就是提示不要走入一个误区，藏品是无止境的，一旦不能控制自己的欲念，就会不择手段去获取不该获得的藏品。其结果也是风险迭出的。

"求奇"多指在自然藏品的收藏领域，越是稀奇古怪，越是争相攫取；"好古"多指人文藏品领域，越是年代久远的物品，越是希望得到。两个领域都受到国家法律的限制，如果不能以平和心处之，就会步入铤而走险的道路，这条路往往是不归路。2009年我熟悉的两位收藏界朋友锒铛入狱，涉嫌倒卖国家文物。他们大呼冤枉，其实不冤。我所了解的许多与盗墓有关系的"知识"，多来自这两位朋友，他们还说带我去现场体验体验，我谢绝了。也和两位说别深陷其中。坊间流传的文物有限，这些人一直坚信只有拿到"生坑"的东西，才能扬眉吐气一回。也许这会是真的拿到了，人也进去了。

我国法律规定：国土范围内一切地下文物均属于国家。收藏者就要明白，不要靠侥幸去和法律较劲。遗憾的是仍有许多收藏者控制不了自己的欲念，还是梦想那些不应该去想的东西。也正是这些人支撑了盗墓团伙，锲而不舍地刨门盗洞。盗墓是中国历朝历代都严禁的行为，但屡禁不止，究其原因就是畸形的收藏欲念造就而成。中国许多地方古玩市场有"鬼市"之说，就是收藏者和盗墓者、盗窃者贪图利

乐俑

益而形成的非法市场。一位考古专家告诉我："十墓九空"已经不能形容中国古墓保护的现状，不如说"一墓五空"，一所疏于管理的古墓，已经被历代盗墓者反复光顾，先是值钱的物件，后是器物，再后是陶器，再后是墓砖壁画，再后是棺椁，只剩骨头没人要了。实在是天理难容。

2012年4月我再一次去龙门石窟，我只坐在长椅上等候同行的人。文化部一位领导问我："你怎么不去参观？"我说："看了惹气。"这位领导深以为然，也没有去看。我们两人大发了一阵感慨。2012年11月我参观了大同云冈石窟，情况差不多，几乎所有精美的佛头都丢失了，这都是贪念过头的中外收藏者惹的祸。

2007年我去山西王家大院参观，看到一个摊位上买许多木雕的佛头，我看是复制品，就买了一个，陪同的导游说这是假的，我说就是要买假的。我和导游说了说买假的道理，导游说："你这种人少见，不少人都委托我们弄真的。"可见，畸形的收藏欲念还在不停地损害今天的文物。

说说对身边事物的收藏。

另文说过好高骛远的收藏有不小的风险，而在艺术品市场快速发展的形势下，许多好的藏品又惜售，不如收藏一些新的藏品。收藏一些能够够得着的身边藏品。只要有一点心思，就有亲近艺术的近水楼台。

2012年5月27日，我应约参加了音乐人郭峰的"跨界艺术展示会"，认为许多东西是值得收藏的。郭峰是一个音乐人，也是一个有想法的人。2011年，他在北京世纪坛举办了个人油画展，引起不小的轰动。我的好友刘亚涛先生与其合作，为郭峰操持了这个画展，我认为不会有什么价值，遂没有出席开展仪式。后来亚涛送我一本郭峰画集，非常吸引眼球。虽然从绘画技法上不够纯熟，但其构思和色彩确实不错。他的画有极强的装饰性，适合摆放在家里和办公室。这次活动又因画引发了家具产品和时装产品，真正是一次跨界之旅。郭峰的画之所以有收藏价值，不仅是其名人优势，还有其启动跨界艺术之先河并确实作品很新奇。

北京人很奇怪，普通家庭极少挂放书画等艺术品。北京的藏家不少，但普通家庭收藏风气不盛。上海人就不一样，普通家庭也喜欢配置一些收藏品。2007年，京沪两地相继举办艺术品博览会，北京展会上成交甚微；而后一周举办的上海艺术博览会，成交就很活跃。我在一个画廊两个展会现场调研，北京一张没有成交，上海成交6幅。我在上海问购买者，几乎都是普通白领工薪族，我问他们为什么买画，他们说："很喜欢，摆在家里很漂亮。"2008年，我装修新房，去几位

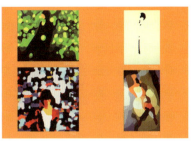

郭峰色块艺术

艺术品博览会现场

朋友家取经，几乎没有一家有书画挂在墙上。我请装修工人在墙上方做挂镜线，装修工人就反对，说他装修的房子多了，也没有安装挂镜线的，可见北京人的喜好与上海人有很大不同。家庭挂画就是普通收藏，不见得非挂齐白石、徐悲鸿的作品，完全可以挂一些年轻人的作品，只要自己中意就好。

收藏艺术品是人生的一种修养，不一定去做收藏家，但要做生活中美好事物的发现者。艺术修养和多彩生活是支撑心理压力的重要支柱，艺术和情趣使得一个人在闲暇时或竞争中保持一颗平和的心，让心灵得到慰藉和平衡。生活艺术化是未来社会的方向，如同收藏会成为越来越多人的爱好趋势一样。随时、随手收藏身边的喜欢艺术品，让艺术的色彩填充生活的空间。

艺术生活化，生活艺术化，是未来社会发展的趋势。

说说收藏是如何启迪心智的。

我最初收藏瓦当，仅出于对瓦当图案的喜欢。瓦当有大气、古朴、庄严的外观，我收集的瓦当有几十块摆放在办公室的窗台上。随着收集品多了，每天看着，也就开始了一些有趣的思考，就总结出一套"胡氏"瓦当理论。

一、瓦当图案直径的大小代表森然的封建等级。我自己的收藏品最大直径的是故宫的瓦当，其次是王府或庙宇的、再次是书院的、再次是大宅门的、最小的是民居的。我在国家博物馆见到一块直径是45厘米的，标注是汉代皇宫的。说明中国封建社会等级之森严，绝对是不可超越的界限。

二、图案是区别身份的象征。中国人对"龙"有一种说不尽的钟情，但龙的图案是绝对不能任意使用的。只有皇宫、庙宇、孔府、祭祀等建筑可以使用，但使用的规制也是循规蹈矩的。龙的形状、大小、龙的爪数（三爪、四爪、五爪）都是有严格区分的。也可以看出神权与皇权之间的微妙关系。

三、琉璃瓦的颜色代表地位。进入中国封建社会中后期，随着色釉技术的发展，琉璃瓦普及起来，多用于庙宇和皇宫建筑。有"龙"的图案琉璃瓦主要是黄色和绿色。绿色琉璃瓦如果龙的图案是黄色的，说明此建筑一定与皇帝有直接关联。最起码也是"敕建"或"敕封"。

四、工艺水平的明显差距。皇宫或皇家园林所用瓦当，材质上

瓦当

流，工艺细腻，绝不是普通民间建筑所能比拟的。故宫的瓦当里每一片龙鳞都精细无比，好比浮雕作品；而我收存的中国美术馆新制瓦当，就是朦胧的影像，没有艺术可言。此外，可以感知到：古人对于建筑品质远比今人用心。

五、瓦当图案反映了文化习俗。民居瓦当多采用莲花图案；官府多采用饕餮等兽纹造型。反映了民间求和求平安；官场求威严的心理。汉代前后的文字瓦当更是传递了明确的思想信息。

以上几点仅仅是表面上感知瓦当就可以体会的心得。如果进行深入研究，点点都可以写出学术论文。这就是收藏启迪心智的好处。近日读赵菁写的作品《小器大雅》，书名道出了收藏的内涵，养眼进而养心，每一件藏品都蕴含着文化的信息，研究它、解读它，就是涵养身心、启迪心智的过程。

第六十三回 一网打尽弹指间

说说数字收藏的乐趣。

　　什么样的收藏可以拥有所有梦想的精品，又方便保管存放，又可以随时欣赏，那就是数字收藏。网络技术的成熟、带宽条件的改善和数字存储技术的突破，催生了一个新的收藏模式就是数据收藏或称数位收藏、数字收藏。当然，数字收藏最大的问题就是许看不许摸。

　　如果仅从收藏的乐趣而言，数字收藏基本具备了收藏者绝大多数的乐趣。特别是对于经济能力有限的人，选择数字收藏最为简便。一样可以修养身心和增长知识。数字收藏的优点多多，比如：收藏种类可以无所不包、没有地域时空限制、任意取舍藏品、打破法律界限、没有储藏忧虑、任意划分系列、便于携带和随时点击欣赏等等。当然数字收藏是一种虚拟收藏，看得见，摸不着，没有真实的占有感。

　　数字收藏多数是图片收藏，取得很容易，但仅限于欣赏使用。如果用作它用，一定注意知识产权相关问题。

　　我在中国音乐学院教授《演出管理学》，我发现学生对剧院很陌生，为了配合剧场管理课程，我根据自己以前收藏的图片和互联网的搜索，制作了一个课件《争奇斗艳的大剧院》，集中了古今中外的著名大剧院和中国近年新建的一批大剧院。学生们感觉非常好，纷纷索要课件。我借势推广数字收藏的概念，不久，一位同学发给我一份课件《世界著名音乐厅巡礼》，我也非常感谢。数字收藏不仅有乐趣，还可以无私交流，一样会拥有友谊。

我们收藏界都知道雅昌艺术网，对于雅昌艺术网提供的资料整理和分析，不仅有收藏的乐趣，还可以形成重要的数据库资源，有助于学习和提供决策资讯。数字收藏可以按照自己的兴趣建立图片档案。利用计算机和移动硬盘就可以进行了。数字图片最关键的是注重图品的质量，即图片的文件大小，最好以高清晰度的图片存储为主，便于细部欣赏。

　　数字收藏既可以是独立的爱好，也可以是实物收藏的前奏。通过数字收藏先了解完整的收藏信息和样品，对收藏有很直接的帮助。可以按图索骥，少走许多弯路。此外，当前许多藏品都有网上晒宝和网上交易的博客和网店，对收藏者收集信息、探知货源、收藏交流都大有裨益。许多收藏知识、保养知识都可轻易在网络上找到，只要有基础的判断能力，都可借助互联网做想做的事情，只是贵重产品高价交易需要谨慎而为。

戏楼

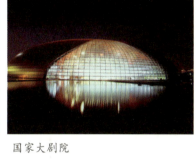
国家大剧院

戏台

悉尼歌剧院

说说网络上收藏知识的学习。

如今进入了网络时代，网络为很多知识的学习开辟了一条新通道，而且是比书本学习更便捷、更直观、更生动的通道。

举例说明如何在互联网上学习收藏知识。拿黄花梨收藏举例，首先在百度搜索上输入"黄花梨收藏"，点击"搜索"，就会出现有关黄花梨的无数条网络信息。可以挑选重要信息阅读。只要有一定的判断能力，就会找到适合阅读的网页。同时，可以看到搜索提要页面的下部是相关信息的主要分类信息。也可以点击分类信息有目的的阅读。例如，百度搜索页面给出的分类信息有：黄花梨、海南黄花梨、黄花梨手串、海南黄花梨极品鬼脸、黄花梨树苗、黄花梨种子、海南黄花梨价格、海南黄花梨手串、非洲黄花梨、黄花梨价格等。分类条目基本上涵盖了黄花梨的主要信息，即原材料、产地、主要器型、主要品种、参考价格等。如果收藏者能够阅读一定量的文章，就基本掌握了黄花梨收藏的基础知识。

在检索选项上有新闻、图片等分类，如果再点击图片，就会出项大量的黄花梨图片，有黄花梨树木图片、有木材图片、有成型作品图片。结合图片看网站，就能直观地有了感性的认知。还可以搜索有关黄花梨收藏的微博或博客，看到图文并茂的文章。多数是收藏心得和上当受骗的故事，也可以交流讨论，也可以提出问题让网友回复。应该说通过互联网基本能得到有关黄花梨收藏的经验和教训。

此外，还可以搜索黄花梨的保养经验，网友基本上都有现成的说法。如果希望购买，还可以在淘宝网寻找专营或兼营黄花梨制品的网点。价格已一目了然。你可以看到几百元到几十万元的不等价格。黄花梨手串的价格也是几百到几万都有。还要强调的是，超过2000元以上的产品，尽量不要在网络上交易。网络购物难以保证售后服务，特别是艺术品的交易，出现问题，解决起来比较麻烦。

　　不仅百度有这样的搜索服务，谷歌也有相同的服务，内容大同小异。我阅读过一些收藏类博客中的文章，许多网友水平很高，一些文章不仅值得学习，还值得收藏到文件夹，反复阅读。收藏者很难幸运地在身边找到合适的老师，但互联网就是一个很全面的老师，不计代价、不需报答、随时随地都在恭候收藏者到来。我听几位专家说，他们也经常在网上看有关信息和知识，有的专家还开通了微博或博客，经常和网友讨论收藏相关的事情。

　　当今时代，万万不可错过网络这个学习天地。

海南油梨手串

越南黄花梨手串

越南黄花梨手串

花梨木手串

说说收藏的过程乐趣所在。

收藏一定会有结果。结果是什么呢？是堆砌的藏品？还是藏品的资产价值？收藏的结果不只是这些，主要还包括收藏过程的心得和体验。离开了过程产生的心得和体验，就不能称为收藏，只能算商品购买交易了。

我有一间半地下的30平方米工作室，称为"陋室"，实在是陋室，是楼房的管道层，房顶高悬各种管线，不能装修。我常在陋室里接待来访的各路朋友，陋室也堆满了连环画。一次一位朋友带来一位企业家，企业家饶有兴趣地翻看着连环画，突然问我能否以100万的价格转让给他所有的连环画。我对他说："不会转让的，这不是钱的问题。"我见这位企业家有些尴尬，就补充说："你不会理解我这种收藏人的体会，连环画收藏伴随我40多年，里面有太多的甜酸苦辣，有太多的记忆和思考，不到山穷水尽之时，我不会转让出去的。如果女儿喜欢，我会留给她，如果不喜欢，我会联系合适的图书馆捐赠出去。"尽管这位企业家还是不太理解，我也就言尽于此了。

我没有责怪这位企业家的意思，我知道这就是收藏者与不懂收藏的人的观念是不同的。商人眼里一切都是商品，他们考虑问题比较简单，只要价钱合适，就没有不可交换的物品。最近大量的资本涌入艺术品市场，就与商业行为有很大的关系，认为收藏品就如同拍卖会一样，出价高者得之。在金钱的力量下，许多收藏者是无力的。但这与收藏者的收藏动机有密切关系，关键在于收藏者是否解得开思想上的疙瘩。收藏者未必不明白物质形态的藏品是身外之物的道理，但又痴迷于其中。看似悖论，实际就是解不开此中的情缘。这情缘实际就是思想情感已与藏品有了相互的寄托，就是所谓的"不知是收藏者收藏了藏品，还是藏品收藏了收藏者。"这种缘分，这种缘分不是每个收藏者都能轻易割舍的。

之所以有许多收藏家把自己历尽一生的收藏品捐赠给图书馆、博物馆或公益组织，实际上还是对藏品情缘的割舍不下。这就如同嫁女儿一样，希望给女儿找个好人家。这样的抉择，不是看不开，恰恰是一种大彻大悟。回归社会、回归公众是藏品最正道的归宿。一个藏家最不希望看到的就是自己辛勤一生收藏到一起的藏品再次分散四方，既然聚合在一起，就希望永远保存在一起。然而收藏如人生一样，聚散难依人心。还是会分分合合，还是会不断演绎许多收藏的甜酸苦辣故事。

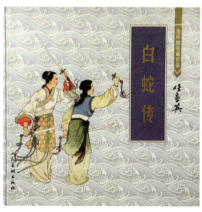

连环画

说说非主流藏品的零星收藏。

尽管理智告诉收藏者要避免多元化收藏，但收藏者多是生活美好事物的发现者和热爱者，难以抑制对美好事物的感情，还是会东一榔头，西一棒槌地收集一些杂项的东西。单纯收藏难说对错，只要高兴，只要有能力，就不妨买些杂项东西作为收藏活动的调剂。

我去丽江旅游，女儿让我带个铃铛给她。我发现丽江的旅游商品市场还是很有特色的，不是全国一盘棋的类型，有许多当地的特色产品。去过丽江的朋友会发现，丽江有许多马铃（类似驼铃）在销售。我一路转下来，发现一家挂了一个牌子"最正宗马铃"，而且标价明显高于其它商店的价格。我就问售货员为什么说你的产品最正宗，为什么你的价格这么高？销售员很不耐烦地说："你可以比较吗，我们的铃铛声音最悦耳，发生声音余音最长久。"我还很认真，就去别的店铺实验一回，果不其然，都不如此家产品，就买了一个碗口大小的铃铛。一些朋友到我陋室做客，都很奇怪怎么还挂着一只铃铛？我说了此铃铛的神奇，他们实验摇晃一下，果然不凡。都说下次去丽江，一定也买一只回来。

我2012年3月去旧金山，在一个古玩店里买了一只烛台。烛台古朴大方，工艺精美，这是我收藏的第三只烛台。第一支是在俄罗斯一家古玩店买回的前苏联二战时期的产品，工艺精湛，铜器是机械加工的，又巧妙地加上木头护围，反映了二战时期苏联的机械制造与手工工艺的艺术完美结合；第二只烛台来自北京的工艺品商店。这三只烛

烛台

烛台

烛台

前苏联铜木烛台

台陈列在一起，可以明显看出三个国家的文化背景和工艺品水平，也别有情趣。

收藏为了形成系列和特色应该确定主要方向，这有利于掌握更系统、专业的收藏知识及形成阶段性收藏成果。但是不妨碍随手挑选一些非主项产品玩玩儿，有时会有无心插柳柳成荫的结果。需要注意的是不要过滥和品位差距太大。在艺术品收藏领域一直有一个品位高低问题。对这个问题我也有些含糊。在理论上讲，收藏没有品位高低，但在实际体会中还是有所区别的。品位与个人情趣密切相关的，有人比较专注，有人比较随性，有人好高骛远，有人随遇而安，这些都会体现在收藏的行为方式上。品位与价钱高低没有直接关系，与情趣喜好是紧密关联的。比如有人收藏古典音乐的唱片，有人收藏流行音乐的唱片，能否说品位有高低之分呢？再比如有人收藏抽象油画，有人收藏美女油画，是否说品位有高低之分呢？品位高低可能是见仁见智，自在人心吧！

说说高端收藏的门槛。

　　每年的春拍和秋拍，已经成为高端艺术品收藏市场的风向标了。媒体关注，行业也关注。都不知是否有新的拍卖纪录出现。2012年春拍形势比较严峻，交易并不活跃，价格并未走低。我和立新（吕立新，书画鉴定家，北京皇城艺术品交易中心总经理）判断，经过一段的市场起起伏伏，国内艺术品市场已经趋于理性。高端艺术品交易已经趋于规律性发展状态。

　　高端艺术品收藏市场正常发展态势有几个明显特征：

　　一、小众市场。就是最后进入高端艺术品收藏市场的人是用金钱划分出门槛的。没有过亿的资金实力，是无法任意出入这个市场的。在一定意义上讲，艺术品收藏是金钱的终结者。这也是一种游戏规则的必然。尽管是少数人，最后争夺的已不是商业领域，往往是高端艺术品的拥有权。无论怎么强调市场的大众性，但高端艺术品市场一定是小众的。

　　二、寡头经营。用立新的话说，未来的格局将是现有拍卖公司数量的70%会遭致淘汰。我认为还不止70%。从全世界范围看，经营高端艺术品拍卖的企业，有名有姓的也不过几家，这是市场竞争的结果。经营企业信誉、经营藏品质量、交易纪录数据、交易服务规范会导致买家的倾向性选择。这就是高端艺术品收藏市场必然的竞争结果。目前，国内数百个艺术品拍卖公司的格局必然重新洗牌。洗牌的结果一定是高端藏品拍卖和经营机构只能剩下个位数字。其他的拍卖公司或经营机构要么专项中低端市场或专项经营范围，要么就关门倒闭。不会长期存在春秋战国的局面。

三、藏品有限。进入最后高端收藏市场的藏品，一定是传承有序的藏品，尽管会逐年有所增加，但总体数量相对固定，稀缺性是收藏市场的重要因素，不会骤然增加市场供应量。如果比对数年来各大拍卖公司的拍品纪录，就会发现许多藏品反复出现及拍卖热门藏品一定属于那几十位艺术家，很难接纳新的艺术家或新的作品。

四、价格稳定。经历几年偏低的中国艺术品精品价格的报复性增长，高端藏品的价格已经趋于稳定，除非爆发长期战争或全球性经济危机，市场价格出现大幅回调的可能性不大。2012年的拍卖行情最可能说明问题，即使交易不活跃，价格也拒绝回调。这是理性的市场状态。

我认为这几个特征越来越明显，初步可以断定高端藏品市场门槛已经形成。

任重《花鸟》

齐白石《海棠》

第六十八回　笑到最后乃英豪

说说收藏市场的"傻瓜"理论。

许多人都知道艺术品市场中的"傻瓜"理论。这个理论具体解释就是藏品在一定时期会不断倒买倒卖，价格也会不断攀升，直到最后一个人难以再高价出售为止，最后一人就称为最大傻瓜。这个理论颇像传销商业模式。

从"傻瓜"理论可以推导出这样几个推论。（1）艺术品有不断交易可能；（2）艺术品有不断加价交易可能；（3）艺术品加价交易有上限；（4）艺术品加价交易的上限有时间限制。根据以上推论，是否可以判定：如果延长时间界限，本时期内的最大傻瓜未必是真正的最大傻瓜。

其实，在近十年的拍卖纪录来看，真的找不出最大的傻瓜。20世纪80年代第一次拍卖的齐白石大幅作品，价格仅在1000万左右，30年过去了，这幅画始终没有再露面。据专家预计，如果此画再出现，至少要拍到1.5亿元之上。当时的价格确实很高，1000万已经冲击了许多人的思维上限，也有人说拍得者是傻瓜。可30年过去了，还会有人说拍得者是傻瓜吗？不会！大家会说拍得者是有战略眼光的收藏家。根据梅建平先生研究，主流艺术品年增值幅度是超过10%的，我认为出于收藏的目的，只要不是短期行为，有资金能力的人完全可以当一回某一阶段最大的傻瓜的。

但做一个不被套牢的"傻瓜"是有前提的，这个前提就是买对藏品。不怕贵，要买对。那么什么藏品是对的呢？所谓对的，就是有名有姓的传承有序的艺术品。作品被市场所公认，真伪可开门立鉴，最

齐白石《葫芦》   齐白石《金玉满堂》

好有优秀的交易纪录和权威记述。按照一些艺术品投资基金的规则，只要是权威美术史提及的艺术家代表性作品，就不怕贵。

当年保利文化集团的负责人马先生，力排众议，在20多年前就购得大量有名有姓的高端艺术品，集团内外也是众说纷纭。如今，这部分作品成为保利集团艺术品产业起家的基础。随着时间的推移，这些事情可能被许多人忽略了或忘记了，但如果今天看马先生的作为，我相信意见会相当一致的，大家都会说马先生是有战略眼光的。我也相信，在当时一定有人说马先生是傻瓜。我有机会和马先生研讨艺术品产权交易的事情，我感到马先生是一个有眼光的人，第一是有战略的眼光，能够看到未来的艺术品市场趋势；第二是有判断有价值的艺术品的眼光，能够遵循艺术品市场规律选准收藏品。

第六十九回 人心先正后收藏

说说收藏的修养功夫。

2012年5月30日下午，我和家具鉴定专家周默聊天，说起收藏的心态问题，周默谈了他的见解，我很受启发，摘要其中的高论与大家分享。

周先生讲，多年来他走南闯北为许多藏家看过家具，遗憾的事情就太多了。投入收藏家具的资金达到几个亿，小到几十万，多数是家具品质不高者，这与收藏者的修养功夫有很大关系。周先生根据多年的经验说："我是鉴物先鉴人。我先观看收藏者本人，就能对其藏品有一个初步判断。如果收藏者就是一个暴发户，其藏品一定是伪多真少。听其言，观其行，就知其人的学识和修养。人与物是相亲的，什么人就会喜欢什么物件，张扬跋扈者，就不可能虚心买藏品；自高自大者，就不会买真品；不学无术者，就不会买精品。这就是一个人的气场作用，人的气场不对，怎么可能有平和的心态识别物品。"

周默先生监制家具

我第一次听说鉴物先鉴人的说法，觉得非常有道理，而且总结的很精辟。这如同我在另文中写的收藏品味与个人情趣密切相关是一个道理，但没有周先生总结的透彻。我又请教如何修养良好的收藏心态呢？周先生如是说："读好书、交好友、看真物，多思考。读好书是指读最权威的书，不要看东拼西凑的杂书。现在社会上谁都能出书，谁都可以拼凑一本书，写书人都不知抄袭出来部分的对错，都没有实实在在的经验，这样的书不是害人吗！交好友是交结那些真正有见识、有水平、有修养、有品行的朋友，不是那些以生意为生的商人和专

周默先生监制家具

家，结识这样的人越多，上当的代价就越大。何况周围是一些阿谀奉承者，怎么会不受骗。看真物是要到博物馆或存有真品的地方去反复研读、认真观察，每年在现在的市场上看东西，怎么可能练出眼力。多思考是多琢磨、多提问，人云亦云，还搞什么收藏，一定要有自己的见解，自己的疑问。"

　　周默先生的一席话非常有道理。他也主张收藏不要把钱放在首位，钱字当头就会鬼迷心窍，一切都看不明白了。他强调收藏首先是要看重材质和艺术性，现在很多家具只能是家具，远不是艺术品，这样的家具收藏的只是半成品的原材料，哪里能够成为有传世价值的艺术品！收藏者只有摆正心态，做足修养的功夫，才是正确收藏的起步。

说说藏品中精品的选择。

有人说搞收藏的人就是收破烂的人，这句话有一些道理。收藏品多数为旧品，或当时认为没有保留价值的物品，甚至当时当作垃圾处理的物品。收藏者因和普通人看法不一致，挑挑拣拣，一些废品当作了藏品；还有一层道理就是确实收藏者积攒了许多没有收藏价值的物品，铺天盖地地堆满了房子的各个角落，和收废品的差不多。

普通家庭居所空间有限，不宜收藏太大、太多的藏品，如何解决收藏空间和收藏爱好之间的矛盾，关键在于要收藏精品。尽管收藏是满足收藏者自己的兴趣，但收藏太多的杂物，也会招致家人的白眼。我原来在中国歌剧舞剧院有一位乐队的老师，酷爱收藏自行车，家里是两居室，堆放12台自行车。实在没有办法，就违规在房顶安装吊索，几乎床上都吊装几辆自行车，后来此人不幸英年早逝。家人第一时间就是处理了他辛勤收藏的自行车。虽然很可惜，但家里总算有了一个家的模样。国外也有收藏坦克、装甲车的，但一定要有空间。

选择精品收藏就是选择那些便于保存、确有收藏价值的物件，切忌贪图数量的堆砌。我选择连环画收藏本认为是小巧的东西，谁知道当集存一万册时，空间问题就突显出来了，我和一些连友见面，现在主要讨论的都是空间不够的问题。一位老师说，老伴几乎天天抱怨他，捧捧打打的，不得安宁。我也颇有同感，以至于在《连环画情缘》一书中竟写了三篇"收易藏难"的文章。收藏者是

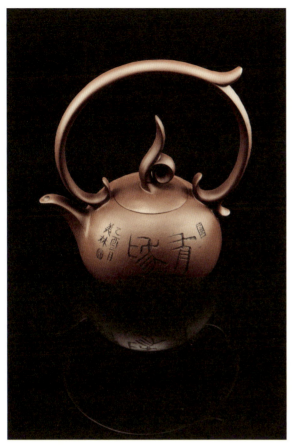

韩美林紫砂壶　　　　　　　　　　紫砂茶具

无怨无悔的，但当天天面对抱怨时，也不会有好心情。

那么什么是精品呢？精品就是那些形神兼备、极具感染力的艺术品和具有文化历史价值的资料及物品。文史资料除外，艺术品藏品应该首先是好的艺术品。藏品之所以受到追捧，是因为精美和珍贵。就如同民窑瓷器与官窑瓷器比较的道理一样，总体说来民窑制品更注重实用性，工艺和材质方面不会很在意；而官窑从材质到器型、到工艺都有很高的要求。其凝结的艺术价值和文化历史价值就更高。用专家的话说，如果一件瓷器，造型呆板、构图比例失调、色泽暗淡、图案阻塞、工艺粗糙，这样的瓷器有什么收藏价值呢？这也是民窑瓷器始终无市无价的道理所在。

记得看过一篇回忆录，周恩来总理指示故宫，保留一部分书画精品，处置一批无收藏价值的书画作品，免得故宫因为收藏库房不够而影响运营。国家尚且如此，个人更是这样，藏品在精不在多。

说说艺术品鉴定专家的品德修养。

艺术品收藏市场的火爆，也涌现出一批形形色色的艺术品鉴定专家，这些专家有教授学者，有博物馆、美术馆、艺术馆专家，有艺术品经营机构经营者或掌眼人，有收藏资深者，有久病成医的玩家。这些人成为当前市场一支不可或缺的力量。

八仙鼻烟壶

接连曝出的伪鉴定丑闻，似乎又警示大家，一些专家不可信。而对这些专家头顶上一轮轮成就的光环，面对满天飞的专家鉴定证书，面对一件件专家鉴定题跋，普通的收藏者会绝对的眩晕，真不知道哪个专家是可信的。

由于工作的关系，我和许多专家打了不少交道，应该说每个专家均有过人之处，并非浪得虚名，也并非每一个专家都是业务知识系统而精深，也有其局限性。如何看待专家的权威性，我认为还是要看重专家的品德修养。因为在市场经济大潮中只能看一个人的品行能否有操守的界限。

一个人具有的专业知识毕竟是有限的，特别是对过去的文物很难全部通晓。懂与不懂都不是什么丢人现眼的事情。最可怕的是在金钱、面子的推动下，做出违心的结论。

红楼鼻烟壶

品行和操守是个无形的东西，可以形诸文字，更重要的是人心的掂量。专家的可信不可信，首先是对专家的品德可信不可信。诚信一直是中国艺术品市场的最大毒瘤，由于没有猛药救治，颇有蔓延之势。而被市场所看重的最后一道鉴定评估防线再崩溃的话，

李鹏举先生画作

这个市场就真成为鬼市了。原文化部文化市场发展中心成立了艺术品评估委员会，初衷就是能够建立起这道防线。这个委员会成员中的个别人也有招摇撞骗之嫌，好在评估委员会推行的是组织鉴定形式，六年来逐步树立起公正、客观、严谨、权威、科学的评估体系。也对专家的个人行为给予最大的约束。坚持这样的评估体系也是非常不容易的，但毕竟建立起一道技术的防线。

品德的事情就不赘言了，公道自在人心。但很遗憾的是，在名利场上，品行和操守显得那么软弱无助了。我只想说专家也好，普通人也好，如果只以名利为重，也只是小名小利而已，损害的是一生的名利，某些为了区区几百元人民币，出卖的个别人的签名证书已经被行业经营者当作了伪品声明，不是悲哀的事吗？

说说艺术品鉴定专家的专业修养。

何谓专家呢？专家应该是术业有专攻的人，是在某个领域纵深了解知识、见识的人。浅尝辄止的人，怎么能称为专家呢？专家必须是在某领域有独立建树的人，有异于常人的人。

在我认识的专家里，周默先生是我比较钦佩的专家之一，周默先生是位家具鉴定专家，林业大学毕业后，一直在基层工作（也当过领导秘书），没有离开和木头打交道，竟也和各种木头结下了一辈子的情缘。

周默先生为了鉴定家具，很重视表象背后的延伸和延展，他认为想看明白家具就需要熟知制成家具的木头本源应该是怎样的。仅仅为了这个想法，竟使得他长年穿行在世界各地的原始森林中。拿着砍刀，背着锯子和行囊，挂着拐杖，有时甚至赤裸着全身，涂满防虫药膏，孤独地探寻紫檀、花梨、楠木、红木等各种家具木材的木源所在。每年几乎都有很长的时间在户外作业，收获的还有运回北京的一箱箱原木标本。他看家具时能够准确说出木材的学名、俗名、产地、年代、甚至是树木上的哪段材料。这种鉴定实属罕见。

近日和周默先生谈起我对他的敬佩，没想到他说还远远不够。他说他的境界不够，眼里还只有木头，还有局限。他跟我讲了一段经历，让我深受启发。他最近陪日本东京大学一位70多岁的老教授去云南森林中考证红豆杉木，这位日本教授和大家一样地背着笨重的行囊，艰难地行走在崎岖的山路上，冒着随时可能跌落山涧的危

紫檀手工桌椅袖珍摆件

险，为了询证心中的疑问。更重要的是这位教授考证树木的方法与众不同。老教授不仅看要考证的树木，还要看树木生长的地理环境、气候环境、伴生植物生态链，还要考证当地村落与树木相关的传说神话、民俗、图腾、崇拜、文化背景等许多看起来不十分直接关联的情况。周默说，日本专家就是这样来看木头的，这样系统的看法与仅仅凭花纹、颜色来评断木头能一样吗？能在一个层次上吗？

艺术品诸多领域的专业道理与木材鉴定的专业道理是一样的，仅凭几本书、几件物品就成为的专家，底气有点虚吧？断代是文物鉴定的难点所在。但支撑断代的考据恰恰是那些不经意流露出的时代文化特征，只有熟知一个时代的纵向文化历史知识点，才有可能做出科学的论断，一叶障目，只知其一，不知其二的专业知识水平，一定是愧对专家这个称号的。

紫檀栗子   紫光檀栗子   木雕栗子

说说日本瓷器的收藏。

日本的艺术受中国影响颇深，几乎所有的艺术领域都受到中国文化或多或少的影响。但日本是一个善于学习的国家，不仅能够学习到国外先进文化，还有创新和发扬光大的本事。中国许多艺术在日本得到传承和光大，大有青出于蓝而胜于蓝的趋势。

日本的京都在建筑风格上留有明显的中国唐朝遗风，日本的茶道、日本的书道、日本的围棋、日本的景泰蓝、日本的漆器、日本的瓷器等等，都传自中国，经日本人提炼升华，加上日本民族的风格，别具一格，有清秀俊雅之美，让人爱不释手。中国人因为战争的原因对日本人的感情比较复杂。也有人断然抵制日本产品。我认为艺术是国际性的问题，不能因为过去的战争而对日本的艺术进步视而不见。那样就有些过于狭隘了。

我看到国内满大街的景德镇的瓷器展卖感到无奈，2003年我在文化部文化市场发展中心曾经组织过景德镇的瓷器去德国举办中国艺术周活动。由于缺乏对市场的调研，绝大部分都销售不出去，主要原因是大量劣质景德镇瓷器已经成为国际性灾难，外国人都敬而远之了。实际上中国瓷器已经损害了品牌。北京的景泰蓝工艺也是艺术品宝库中的瑰宝，但大量的粗制滥造的景泰蓝产品充斥在各种工艺品或旅游商品的市场上，我不知道还有谁在购买景泰蓝艺术品，中国的艺术工艺品经营者就这么有本事，砸碎了一块又一块中国艺术品的品牌。如

日本名家瓷器

日本瓷碗

日本手工茶具

果你在日本市场上看看日本的陶瓷、看看日本的景泰蓝，作为中国人有的只能是脸红和羞耻。

我每回去日本，总会或多或少的带些日本瓷器回国，并非是高档的瓷器，只是在日本筑地鱼市市场上商铺挑选的手工陶瓷，我认为非常有艺术气息，作为日常餐具使用。一些到过我家里的朋友都说我很奢侈，说这么好的瓷器做餐具。其实其价格真的很便宜。也有几件日本朋友赠送的精美瓷器，一位国内著名的瓷器鉴定专家看到后评价颇高。他说，可以和国内的官窑媲美，非常有收藏价值。

我并非提倡大家去收藏日本工艺品或艺术品，只想提出一个值得深思的问题。为什么产生于中国的艺术不能在中国得到很好的传承，反而是日本人不仅传承的好还有所发展。这是一个简单而又复杂的问题。中国逐渐把一些艺术工艺列为遗产保护行列，看似好事，也说明一个问题：是遗产就意味着这些艺术工艺即将退出历史的舞台了，以后可能还真需要到国外去收藏那些中国特色的藏品。

第七十四回
古井无波有其乐

说说收藏家的修养。

人的性格及修养不同，自然其世界观和方法论就不同，待人处事的态度和结果也就不同。如果大家认为中国的藏家只是那些电视上、媒体上频频露面的人那就错了，那只是中国收藏界的冰山一角，而且永远是浮在水面上的一角。我不评论这些收藏明星的是非功过，只是希望明星们需要虚心一些，对普通收藏者耐心一些，看人的眼光内敛一些，对学术的评价犹豫一些，舍我其谁的优越感隐忍一些。

人可以骄傲，但一定要有足够的骄傲资本。就如同乔布斯，不是一个修为至善的人，但是一个对手也要折服的人。在收藏这个领域，奇人不少，大家不少，但多数习惯于沉默。中国是这样，国外也是这样。我见过意大利一个自文艺复兴时期就资助艺术家的家族艺术基金负责人，低调而沉稳，他们想在北京买一块地，做东方艺术品收藏仓库。这位家族的后人怎么看都像一位木讷的学者，看不出丝毫优越感。

我接触的人很多，有机会被藏家或藏家的朋友邀请见识了几位藏家，共同点就是低调和平和。例如一位藏家，居住在北京郊区，过着农民的日子，贵重的藏品作为日常生活的家具和用品，连烟缸都是宣德炉充当的。藏家远离市区就图个清静，每日做做鉴赏的功课，看看相关书籍，闲暇时种菜养花，让我顿生宁静。我和朋友说到艺术品收藏的浮躁，藏家微笑说："各得其乐，各得其乐。"犹如老僧入定。

藏家说得对，就是各得其乐。一潭水有其古井无波的恬静之乐，半瓶水有上下摇动之乐，不同之处只在修养的功夫不同。也很难说是

黄杨木木鱼

黑檀弥勒佛像

景泰蓝工艺品

是非非。临别时这几位藏家都会说："胡先生，欢迎再来聊天，但要带合适的朋友来。"我怕惹麻烦。我自己不会开车，也就不再去叨扰他们，其实见一次，也就参了禅。

这些藏家，修养到了一个境界，但对收藏知识还是痴迷得很，用他们的话说，可以放得下东西，放不下好奇。说到一件物品，还是兴高采烈，满脸的尊敬。这些人才是真正的藏家。我也反思我对一些收藏明星的不屑，看来也是修养不够，我很在意个别明星的言行实在误导他人。但大千世界，又哪里分得清是是非非，好在因果相循相报，自有自的果报。一个人愿意不愿意都会体会其中的甜酸苦辣，果然是自得其乐。

第七十五回
唯有戒贪躲陷阱

再说收藏中欺骗性故事的模式。

收藏的世界里充满了传奇故事，每一件传世藏品也连带了许多故事，这些故事见证了风风雨雨，让收藏多了几分神秘。但许多赝品出世，却是编造了许多故事，为了证明藏品的传承有序，收藏者一不小心就会掉进故事的陷阱。

先说一个在北京发生的用三年编制的故事。某位瓷器藏家听一位朋友说通县正在开发大运河的项目，在清理河道时发现了一些官窑瓷片，藏家要过瓷片看看，判定确是真品，就收下了；第二年这位朋友说深层清理时，发现了半残的瓷器，送给藏家过目，藏家又请专家过目，断定是真品，藏家也收购了；第三年开春不久，这位朋友抱来一件完整的官窑重器，器形完整，水锈斑斑，有意无意之中，这位朋友说此器如被国家发现，必被收缴。藏家经过两年的过程，对此真信不疑，讨价还价之后，重金买下瓷器。过后小心清洗，感觉有疑，再请专家断定为赝品。朋友早已消失了，只能怪自己贪心误事。

再说一个外地企业家的故事。企业做得风生水起，也开始收藏红木家具，朋友圈子里也都尽人皆知，于是就有人设下了圈套。一次企业家和生意伙伴喝酒，半醉不醉之间，生意伙伴无意之中透露了自己的王爷后裔身份，说起自己的家族大量的遗留下来的财产掩埋在沙漠之中，紫檀家具、黄花梨家具多得是。企业家顿起雄心，非要生意伙伴带他去挖宝。生意伙伴十分后悔，执意不去，企业家

科特迪瓦檀木手串

乐俑

穷追不舍，为表诚意，先付百万订金。生意伙伴无奈之下，半推半就地制造了电影里的绑架情节，蒙上企业家的眼睛，开车到沙漠边缘，然后步行几个小时，只有他们两人，最后挖开浮沙看到无数紫檀家具。后来的故事就不说了，结果可想而知。

故事听多了，我就总结了几种故事模式：一是施工发现；二是盗墓收获；三是祖德余荫；四是明清传奇；五是民国遗韵；六是国民党高官；七是日本人良心发现；八是海外华侨爱国之心；九是八国联军后裔忏悔；十是佛道遗传。看来种种故事都归结到一处，就是骗你钱没商量。

俗语说："有骗人的就有上当的。"俗语还说："贪小便宜吃大亏。"艺术品收藏的故事形成的逻辑是让上当人占大便宜。所以，我主张买新不买旧。不想占便宜，就不会吃亏。我文中所讲的故事，读者心中会说反正我不会上当。这话可能说的绝对了，一旦钱字当头时，或看到天上掉下来的馅饼时，又有几人能不动心？唯有戒贪之人，才绕得开陷阱。

再说收藏者的品性修养。

俗语说"物以类聚，人以群分。"此话来形容艺术品收藏领域极为恰当。无论是收藏者、经营者、鉴定者、爱好者、投资者、投机者都跳不出这句话的圈子。如果再加上一句"物以人聚"可能就基本道出了收藏领域的大致格局。

有人说，看一个人品行最好看他身边都有哪些朋友。这句话说得就是"人以群分"的道理。我认识一位局级领导，我非常奇怪为什么他身边都是一些闲杂人等。我的一位朋友对我说，那是因为他在这些人面前有感觉。这句话说得太好了。正是这种感觉、这种趣味相投才相得益彰。一个人一生会有许多相识的人，儿时伙伴、同学、同事、交往或结识的朋友，能够沉淀下来，常来常往的朋友圈，基本都是志趣相同的人。所以，从一个人的朋友圈来了解一个人大体是不错的。我观察画廊圈是这样、鉴定专家们也是这样。多少有些君子之交和小人之交的区分。从君子之交的朋友圈里听到的多是议"事"；从小人之交的朋友圈里听到的多是议"人"。君子坦荡荡，小人长戚戚，言不虚也。

因为工作的关系，这两类人我都有接触，发现追名逐利迫切的人，会常聚在一起，总在策划一些事情，愿意抛头露面，但总有无头苍蝇的感觉。一件事情办完就会衍生出许多恩怨，今天你不对，后天他不对，但又会为了利益很快聚合在一起。艺术品收藏市场上

印章

许许多多的事情都和这些人密切相关。

藏品也是这样，与收藏者的志趣是密切相关的。什么人聚拢什么物品。王铁成所讲的看店面的道理也就在此。经营者如果投机取巧，其店面里面的东西就可想而知。收藏者如追名逐利，其收藏的东西也不难想象。这就是周默先生讲的"鉴物先鉴人"的道理所在。收藏者的品行修养决定了收藏物品的方向，也决定了收藏行为的目的。

某城市一位收藏爱好者希望成为文化部文化市场发展中心艺术品评估委员会的地方工作站的承办人，我坚持实地考察一番，我比较随和，申请人也比较放松，招来两个公司合伙人陪我吃饭，我注意到一男一女两个合伙人都穿着拖鞋，言谈之中得知是江浙一带的做电线、电器开关的生意人，不断关心申办这个工作站的投资回报关系，席散曲终，也就分道扬镳了。这样的人谁会相信可以遵守艺术品评估的工作纪律呢！

人以群分，物以人聚。收藏的品行、品味尽可知矣。

说说收藏中的炒作手法。

炒作越来越被大家所熟悉，不仅股票有炒作、商品有炒作、名声有炒作，收藏市场一样有炒作。谁在炒作这些市场呢？一定是有实力的庄家在炒作。北京连续几年蔬菜的炒作还历历在目，"逗（大豆）你玩"、"算（大蒜）你狠"等此起彼伏，看起来有些不可想象，但价格就这样抬上去了，如此大的农副产品市场说炒就炒起来了，可见炒作力量的雄厚。记得炒作大蒜时，北京流行一个笑话，有身份的人出家门之前，不再嚼口香糖了，要嚼一头大蒜，别人就知道你是有钱人。

其实收藏市场的炒作历史也很悠久了，影响最大的两次，一是改革开放初期炒作君子兰；二是21世纪初期炒作普洱茶。前者说是艺术品收藏炒作有些勉强，后者却完全是按照收藏市场炒作来运作的。2008年我遇见普洱市的一位前副市长，谈起运作普洱茶时还津津乐道。我发现普洱茶炒作后，一直余波未平，如今普洱茶还是不错的送礼礼品。说句实在话，至今我也没有发现普洱茶好喝，但全社会都能说出普洱茶的许多好处，这就是炒作的力量。

我逐渐认识了几位炒作高手，看看他们的炒作经验，也许能理解炒作的一些奥妙。一位是某省银行的干部，是纪念币和人民币的炒作主力。他有两种炒作方式，一是强行炒作，二是借势炒作。纪念币采用强行炒作方式，他根据对纪念币发行量的了解，先在全国市场以略高价囤货，然后高价收货，同时出货。可谓翻手为云，覆手为雨。他

多用工艺杯

炒作人民币时，根据对国家发行新一套人民币的消息，利用职权，先期以贷款方式囤积前一套人民币，再归还贷款，哄抬人民币收藏市场价格，少购多销，也可以获得巨大利益。还有两个企业分别炒作两位著名画家的作品，先是大量购入，然后拍卖高举高打，再借机出货。

收藏炒作需要具备以下条件：一是总量可控。炒作的品种一定要有数量边界，否则，炒作就会无功而返；二是囤积相当的数量。炒作的品种一定能够集中一定的数量在手里，否则就没有意义，就是为人作嫁；三是社会要有一定存量。所有东西都集中在自己手里的品种，就没有多少跟风者，会成为自拉自唱；四是营造舆论配合。没有舆论帮忙，就难以启动市场。拍卖会纪录是最好的舆论引导机会。此外，要做足宣传文章。

炒作并不可怕，也是常见现象，可怕的是追涨杀跌的跟风行为，收藏者最容易受损。

紫砂茶具

说说葫芦的收藏。

葫芦有大中小之分，小葫芦最好在三寸之内，之上为大葫芦。小葫芦属手捻儿类藏品，适宜在手中把玩，因其小巧玲珑、价格便宜，很受收藏者喜爱。中大葫芦端庄精巧，又有吉祥平安的寓意，也是不错的摆饰。

葫芦在中国民俗文化中有其特殊的意义，许多传说、神话、文学作品都有涉及。葫芦既是法宝兵器，又是金丹、美酒容器。例如：《西游记》太上老君的丹药葫芦、南极寿星的随身葫芦、《封神演义》里的法宝葫芦、八仙里的传奇葫芦、《水浒传》中的林冲风雪山神庙的酒葫芦、济公的酒葫芦，乃至近当代的《宝葫芦的秘密》、动画片《葫芦娃》等等，几乎所有的中国古代文学作品都有神奇的葫芦，这与葫芦天生宝气有密切关系，又因葫芦为宝瓶状，葫芦就有了保佑平安之寓意，备受国人欢迎。当代风水师也极为推崇葫芦的辟邪平安的功用，成为风水师极力推荐的辟邪之物，家中居室、办公室、爱车内置放一个好看的葫芦，起到平和身心及氛围的作用。

收藏者非常看重葫芦的品相，其一是要能够安稳立放，不借助外力就可以直立于平面；其二是要有完整的瓜蒂，就是俗称的"龙头"。"龙头"是否有型直接决定葫芦的价格；其三是色泽和光滑，色泽鲜亮，外皮光滑厚实为上品；其四是浑然天成，玩儿葫芦就是求自然造化。遗憾的是许多种植葫芦的人一味地媚俗，通过外力，把葫芦强行塑造成各种外形，实在是画蛇添足。真正的收藏者对之是不屑问津

手捻葫芦　　　　　　　人为异型葫芦　　　　　　烫画葫芦

的。葫芦外刷清油、打蜡和上漆都是错误的做法。葫芦的包浆也是需要一点点盘出来的，紫红色包浆最为漂亮。

葫芦因有实用性，就有加工工艺出现，用葫芦装酒、装丹药都是有科学依据的，但葫芦的切口和塞口很不容易，是有技术含量的。我购得两个加工的盛放东西的葫芦，虽是今人制作的，也体现出不俗的工艺。

我随手买过十几个大小葫芦，小葫芦10元钱可以买3个，大葫芦每个价格都过百元。成对的葫芦（同一产地、同样大小、同样形状）也很难碰见，我买过两对儿。值得提及的是其中的三只大葫芦买自关外的葫芦岛，我也没有考证过葫芦岛地名的缘起，这是一位老人种植的，都亲自绑上红绳，老人已年近90，种了一辈子葫芦，其儿媳说：以后可能再买不到老人种植的葫芦了，老人感慨今人没人懂葫芦了。这也是一段有趣的插曲。

第七十九回

天生丽质少精工

说说非洲檀木雕刻的收藏。

非洲檀木有多种，黑檀在国内市场最易见到。黑檀材质细密，比重较大，多为雕像材料，也有板材作为茶盘的，质感很好。红檀也比较多，大件少见，多为小件雕刻。

非洲檀木多为近年进口材料，由于不宜烘干，加工后的器物在北方容易出现裂痕，严重的裂痕还会很明显，收藏者在收藏时要注意养护。我不知是否有更好的办法，只是用核桃油或橄榄油养护，有条件的可将雕像置放于密封的玻璃罩内，放上小杯清水，也能防止开裂。非洲黑檀由于颜色深并花纹细密，是雕刻佛像、人像的上好材料，市场上多见的是弥勒佛像，线条流畅自然，虽然工艺并不复杂，成像都很漂亮。

产生在科特迪瓦的红檀，是一种很神奇的檀木，新木破开之后，呈橘红色，见光后会快速颜色变深红色、紫红色、紫黑色。与印度产的紫檀有异曲同工之处。我曾购得手串盘玩儿，无意之中发现，越盘越漂亮，由于木质比重大，手感也好，盘出的手串如黑珍珠一样漂亮。每颗珠子都有猫眼，在日光或强光下清晰可见，非常漂亮。一位专家仔细看后，说这种科特迪瓦檀木可比传说中的"血檀"。这种手串由于新品颜色金黄或橘红，并不受市场欢迎，价格一直很低，也很少有人盘戴。我买了许多送给朋友，经过一段时间盘戴，大家都赞不绝口。很遗憾，世间少有识货人，价格只能低位徘

非洲红木雕像

徊。木器专家胡德生看后也认为有升值空间。

　　我还收有一件非洲红檀河马雕像，是我去北京大学讲课时在北大"三角地"的非洲留学生摆地摊出售的，共买了两件木雕，一件是一种类似黄杨木的非洲木材雕刻的河马，一件是红檀犀牛。刀法简洁，造型生动。我也是用核桃油养护，感觉非常漂亮。

　　市场上还有一种来自非洲的檀木，俗称紫光檀。比黑檀显得颜色略浅，比重更大，主要被加工者制作手把件类小玩意儿，如栗子、茄子、豆角、瓜楞意趣小东西，十分可爱。由于是手工制作，还是有技艺高下之分的。如能挑选出精品，还是很不错的藏品。

　　由于非洲盛产贵重木材，木材的比重很大，不适合制成日用家具，自古以来就有用于雕刻的习惯。可能好材料太多了，也不值得珍惜，非洲雕刻工艺一直走粗犷、简洁、抽象的路子，也形成了独特的风格，一些精品还是很有收藏价值的。

紫光檀瓜棱把件　　　　　　　　　　　紫光檀茄子

说说我的黄杨木雕刻收藏。

黄杨木是中国比较广泛使用的木刻、木雕原料。其特点是木质细腻，纹路匀称，木质通体少有变化，适合布局展开，且有一定油性，质感优良。

1992年，我随中国歌剧舞剧院去福建巡演。在泉州闲逛工艺品商店时，看到许多黄杨木雕佛像，我挑选出一尊观音像。坊间传说：请佛像应注意佛头的开脸端庄。此观音像就是开脸端庄，法相庄严，雕刻工艺高超，特别是衣饰处理质感良好。

巡演到厦门时，我带着佛像去了南普陀寺，没有开光，只是过过香火。一位香火居士对这尊观音像极为欣赏，劝我好好供奉。我想这也是缘分，20年来，几乎每逢初一、十五，我都敬上三炷香。用烧香的时间安静地反省一下近期的行为，能够提醒自己始终保持一个良好的心态。

黄杨木雕最大的缺憾就是在北方容易开裂，特别是北方冬夏的湿度变化太大，冬天气候干燥再加上暖气比较热，这尊佛像也在侧面裂开一道口子，甚为可惜。没有办法只好用蜡弥补一下，倒多了些沧桑感。我一直想买一个佛龛，便于保养佛像，国内的佛龛宗教色彩太浓，看起来极不舒服。去日本倒有许多专门的商店，佛龛的样式也极精美，但尺寸都不合适。后来只好在报国寺买了一个鸡翅木的底座，权当作佛龛使用吧。

黄杨木母子双兔　　　　　　　　老黄杨木佛像

　　一位朋友吴杨，常来陋室喝茶，讨论艺术品产业基金运营，他也是在筹备金丝楠木的经营，见我收藏一些木雕，就去一位朋友处为我讨来一件小摆件，就是黄杨木雕刻的母子双兔。这件作品一看就是精品，高12.5厘米，宽13厘米。母子双兔的造型极其生动。母兔正与子兔低声呢喃，同时高竖双耳（一只耳内呈黑褐色，有巧雕可能），保持警惕；子兔双耳顺垂，无忧无虑。兔毛的雕刻也一丝不苟，母兔与子兔的刀法各有粗细，底座的处理也极其巧妙，既有底座的坚实感，也有地形的起伏感，母子相依相爱，好一幅天伦之乐情形。作品神情生动饱满，把黄杨木的优良质感表现得淋漓尽致！

　　2012年，又先后买回几尊小件黄杨佛像木雕，我对这几件东西颇为起疑，雕像不失精美，造型别具匠心，高不过五寸。可能是因为过于精美吧，我总怀疑是机制加工而成，但又各有区别，木质花纹自然，也属于市场上所说有工无料之类产品。我可以断定必是今人仿制而成，却找不出破绽。反正按仿品出价，权当仿品收藏吧。

老黄杨木佛像　　　　　　黄杨观音像　　　　　　老黄杨木佛像

第八十一回
画蛇添足毁珍木

说说我的越南木雕的收藏。

2003年我随中国演出家协会赴越南考察。越南的景色和风俗实在没有给我留下多少印象，亚龙湾"海上桂林"景致不错，还有就是川流不息的摩托车大军看起来蔚为壮观，还有是一路上连接不断的墓地，感叹这个国家的战火连绵，多少男儿战死在战争中。最让我感兴趣的就是木制工艺品，几乎是这个国家全部的旅游商品。

越南多贵重木材，黄花梨、红酸枝、檀木、沉香多有出产。我虽然对木料不懂，也多少能看出质量的好坏，很想带回几件像样的东西回国。我有一位好友，家里有一只越南带回来的木象，红木质材优良，工艺精致，我十分想也能买到一只。可真是希望越大，失望越大。我经过的旅游线路看到的木制工艺品全都是粗制滥造之物，可惜糟蹋了那么多的好木头。我们常感慨中国的旅游产品千篇一律，没有特色和文化，越南更是这样。木象、烟灰缸、木制橄榄瓶、笔筒、筷子、木雕佛像、木雕动物等，其造型一致，工艺粗糙，没有任何创意。实在提不起购买的兴趣。

其手工雕刻水平远不能与中国相比。万般无奈，挑选了几件还过得去的工艺品，也算没有空手游览一次越南。最为满意的是一件花梨木制成的橄榄瓶。

花梨橄榄瓶材质优良，是典型的越南黄花梨原木。对于我这样的业余收藏者，大致了解越黄与海黄的区别主要是以下几点：(1)海黄的花纹清晰、木质细腻、华丽多变，越黄的花纹粗犷规律；(2)海黄颜色

越南黄花梨手串

越南黄花梨收藏

越南花梨嵌贝花瓶

印度红木花瓶

黑褐色，越黄颜色褐红色；(3)海黄油性较重，越黄油性较小；(4)海黄木质比重较大，越黄木质比重较轻。

　　这件越黄橄榄瓶高26厘米，直径13厘米，花纹肌理明显，造型简朴，估计是机器加工后抛光。表面镶嵌螺钿贝壳，有典型的越南工艺特点。中国文物鉴赏界一直对明清家具孰优孰劣存在争议，争议的焦点在于简洁美还是繁杂美。我个人倾向简洁美，肯定明式家具的线条流畅，简洁大方；认为清式家具繁琐压抑，庸俗扭曲。这里提及此争论，也是对花梨橄榄瓶的镶嵌螺钿的非议。如果橄榄瓶没有表面的装饰，可能还有与我收藏的海黄梅瓶的相映成趣。正因为越黄橄榄瓶表面的劣笔装饰，画蛇添足，就流于平庸之作了。如今由于北京空气干燥，部分螺钿已经开始剥落，可见木器雕刻应该重木材的本身雕琢，不应在额外的装饰上下功夫，搞不好就会弄巧成拙。

　　花梨橄榄瓶倒不失是一件越黄的标本物件。

第八十二回 精品难寻叹工粗

再说我收藏的越南木雕。

2003年我从越南还带回几件木雕，也基本代表了市场上值得收藏的有限物件。

一、酸枝笔筒。酸枝笔筒用材是红酸枝木。中国把贵重家具统称红木，也有老红木、新红木之分。老红木是指陈年材料，新红木一般指新伐木料，也多称红酸枝或酸枝木。在市场上，老红木价格昂贵，比红酸枝贵出数倍，主要原因是老红木存放已久，制作出来的物件器型稳定并不易裂。而新红木容易变形也容易开裂。我购得的酸枝笔筒正验证了上述说法，购回北京不久因疏于养护，就出现细微的裂痕。酸枝笔筒材质还算不错，油性较好。笔筒高13厘米，直径10厘米，壁厚3厘米，桶内半挖且空间不大。实为装饰性笔筒。筒外周浮雕花卉。败笔之处正在浮雕之处，主要原因是雕工粗糙，尽管有一定层次，无奈水平有限，根本没有精心布局。可见只为完成活计，匆匆忙忙，看不出一点灵气。唯一值得称道的还是比较厚重的材质，只要不计较雕工，权当作书房的一件摆设，马马虎虎还过得去。

二、花梨烟缸。同是2003年从越南购回，越黄质材。上盂状下束腰一体底座。高7.5厘米，直径12厘米。盂状内部掏空，顶端有三道半圆通径（搁放香烟），底座为三足状。外表嵌螺钿花卉，形态生动。木制纹理华丽。此烟缸多为机器工艺，然后镶嵌挖足，为越南

越南檀木少女雕像

越南花梨嵌贝烟缸　　　　　越南酸枝木笔筒

市场少见器型，非常好的木料，加工成工艺烟缸甚为可惜。红木烟缸在越南旅游商品中数量很多。

三、檀木少女。越南檀木也很多，价格也比酸枝要贵。檀木有多种，紫檀（极少）最为名贵。黑檀、绿谭、黄檀、红檀、白檀等品种也各擅胜场。黑檀木算柿属植物，俗称风车木，属于豆科。结构缅而匀、耐腐、耐久性强、材质硬重、细腻，是一种十分稀少的珍贵家具及工艺品用材。据说黑檀木还能防百毒，泡水可以治疗多种毒素。黑檀最宜雕刻人像。

越南的旅游工艺品中，黑檀所占比例不小，主要雕刻人像和动物。遗憾的是其中雕刻精品不多。我选购的黑檀少女像，是在众多雕像中精选出来的。木质细腻，褐中泛绿。高50厘米，底座15厘米。从选择的情形判断，应该属于批量手工制作的。模式千篇一律，每个只是加工的细节有不同。我选择的雕像还算手工精细。衣褶线条流畅，发髻细密有致，人物比例匀称。但整体的气韵显得呆板，手臂动作感牵强，面部表情拘谨。

说说我收藏的海南黄花梨。

海南黄花梨是当前市场极为抢手的藏品。主要原因是海黄属贵重木材，花纹漂亮，不易变形。加上已经濒于灭绝，备受藏家推崇。

现在市场上已经很难见到大器型的海黄家具，我有几只海黄制成的佛珠手串，当作至宝，常会显摆给朋友欣赏。没成想引来一只金凤凰，就是一位叫刘洪的上海女士送给我的海南黄花梨梅瓶。

一天刘洪到陋室喝茶聊天，看见我有几件花梨木手串儿，就说要送我一件海南黄花梨的好东西，得意之情溢于言表。送我东西应该是我高兴，不知为何让她如此高兴。在我追问之下，她才说出原委。原来是一位她的海南朋友，几次要送给她一件海黄花瓶，她不知会有人喜欢，嫌携带麻烦，就一直口头答应接受却迟迟没有去取。如今看我喜欢，自然高兴，她形容这叫"宝刀送英雄"。刘洪女士，性格开朗，人也很有气质。是海外学成回国的基金领域高级人才，如今坐镇上海某大基金，对基金业务如数家珍，对我喜欢的杂七杂八，没有多少兴趣，每天飞来飞去，难得有闲心静下片刻。因向我了解艺术品投资基金事宜，才熟悉起来。

此事说过不久，刘洪托人带给我一只旅行箱，打开才知道为什么她嫌麻烦。原来是一块上好的海黄原木，精心制成一个高14厘米，直径9厘米的梅瓶状摆件。所用原木花纹极其漂亮，具备了海黄最具代表性的纹理，开合有度，变化万千，堪称海黄的标本。此外，

海南黄花梨梅瓶　　　　　　　海南黄花梨梅瓶

还用海黄木料精心制作了一个底座（高3厘米，宽13厘米）和玻璃罩（高20厘米，宽13厘米），可能正因为如此，她才会嫌携带不便。

花梨梅瓶用材可谓大料、精料。现在已经很难寻得这么完美的质材。工艺看似简单，实际加工者必定是坊间高手，选择中国传统瓷器梅瓶的经典造型，使得作品典雅大气。特别是瓶口的打磨，更见功力，平滑雍容。罩子和底座的工艺也十分精湛，显出海黄独特的风骨，梅瓶与罩座相得益彰，于无声处传递出中国传统文化的精彩。实在是一件不可多得的精品。

后来，又一起与刘洪喝茶，自然是十分感谢。她展颜一笑："喜欢就好，真如你说得那么好，也算我做了一件好事，这东西也算有了缘分。"收藏确实是需要缘分的。

黄花梨算盘　　　　　　　　　海南黄花梨烟斗

第八十四回
昔日绿叶变红花

说说紫檀的收藏。

据木器鉴定专家周默考证，紫檀主要的产地在印度。他认为"十檀九空"的说法并不科学，或者仅适合于中国。他认为好的檀木料并没有供应给中国，多数好的紫檀木还是流向了当时商贸活跃的国家。我相信他的实地考察结论，不过我认为中国还是在明清时期成为最喜欢紫檀的国家，特别是清代。周默先生也认为清代满族人的性格需求使然，认为紫檀代表了尊严和富贵。我个人也去了几家大的红木家具厂看过积存的紫檀木料，确实多数木材都是空心的，如果不是周默先生去印度考察过，我也会认为"十檀九空"的说法是正确的。

紫檀家具确实雍容华贵，但或许是时代的原因，我个人的态度是欣赏而不稀罕。我去过许多地方，特别是一些故居纪念馆，无一例外都摆着满堂的红木家具，很是气派。但感觉很是压抑。我更喜欢的是紫檀制的一些小玩意，经常把玩，才能体会其中的妙趣。

2009年，我在北京报国寺旧货市场看到一对紫檀栗子，说不出的喜欢。摊主经营的都是很精巧的小木件，价格高的离谱，这对紫檀栗子开价150元且不还价。我每周都去报国寺买连环画，也有足够的耐心去侃价，但连续两个月都无功而返。一天我见摊主换了一个年轻小伙子，我就轻易地以100元的价格买了回来。

这对紫檀栗子绝对是手工精品，个头比正常的栗子略大一些，但看得出是紫檀老料雕磨而成，老料紫檀特有的牦牛纹丝丝可见，盘过后晶莹鲜亮。难得的是一对栗子和真栗子惟妙惟肖，特别是顶部的栗

紫檀香筒

牦牛纹紫檀手镯　　　　金星紫檀手串

紫檀黄瓜　　　　　　　紫檀木

盖部分是用手工点点雕琢而成，几可乱真。每每用口罩布盘过之后，都会在布上留下紫红颜色。这对紫檀栗子我爱不释手，几乎每天都在手上把玩，也得意地向许多朋友显摆，如获至宝。然而好景不长，2011年春节期间晚上乘出租车付款时丢掉一颗，让我好不扫兴，至今也不能释怀。剩下的一颗赶紧收放在家里，再也不带在身上了。

　　还有一只小叶紫檀雕刻的黄瓜，也是极为精致。长8厘米，直径2厘米，雕琢精细，特别是浑身的黄瓜刺，极为费工，形态自然逼真，如果不是紫檀的颜色问题，就是一条顶花带刺的小黄瓜。此外还买过一件金星紫檀的烟嘴，雕成竹节状，也很精致。我另以880元的价格购买了一件老木"满天星"手串，周默先生也赞誉有加。

　　紫檀原来多作为艺术品的底托、底座来陪衬使用，现在身价倍增。一段小小的下脚料，都会有人精心加工为小物件出售或把玩，我看家具厂有专门的规定，连锯末都要细心收集起来作为修补家具使用，可见贵重程度之一斑。

说说自己制作藏品的趣事。

我有一位住在一个小区的朋友叫刘铁生，我们经常在一起去报国寺或抽烟侃山，也喜欢一起摆弄手串、把玩件。他有一个姐夫心灵手巧，经常帮我们制作一些小东西，虽然不是专业制作者，可每样东西都做得有模有样，实在是能人。

据老刘介绍，其姐夫平时就喜爱手工，扎珠花非常精巧，送给我一只蜥蜴和一条龙，都很精巧，可见其人极有内秀。几年来，其姐夫用业余时间做了不少小东西，仅送给我的就有黄花梨的小葫芦、乌木的小葫芦、红木的一对桃子、红木的一对花生和一个红木的福禄寿手把件。

黄花梨的小葫芦做得很精美，巧妙地利用了花梨木的花纹纹理，一大一小葫芦肚都有花梨木特有的"鬼脸儿"，能把如此小块的边角料（刘师傅去朋友老祖的亲戚开的木器厂捡回来的）制作成如此精巧的手捻儿件殊为不易。乌木小葫芦制作的也很精巧，可贵的是两个小葫芦都能直立与平面上，又不影响葫芦形状，可见其姐夫十分用心。

一对红木花生的雕刻也极为不易，听老刘说其姐夫还专门购买了一些工具。两颗花生也是雕刻的惟妙惟肖，花生的麻点一丝不苟，除了红木的木质差一些（新红木），雕刻水平是无可挑剔的。

福禄寿的手把件也是新红木制作的，据老刘讲其姐夫是在网上找的样品图案，经过自己琢磨雕制而成。一只猴面蝙蝠合抱一只寿桃，寓意福禄寿，很适合拿在手中活动手指关节。我用细木砂纸打磨以

自制黄花梨葫芦手捻

自制乌木葫芦手捻

自制红木桃子把件

珠花扎制生肖龙   自制红木把件

后，更显柔滑流畅，经常放在手中把玩。

其实，这就是收藏过程中的快乐所在。藏品和朋友们分享快乐、多余的藏品互相交流、朋友们给予的馈赠、对藏品的梳理、对藏品的整理、对制作者工艺水平的欣赏、对藏品传递信息的解读、对藏品相关知识的探究、因藏品结下的朋友情谊等恰是收藏者最快乐的时光。

因为小小的藏品多出一个领域，多出一个快乐的缘由，多了一个精彩的世界。我在收藏连环画的过程中，有许多书来自朋友的馈赠。我经常会收到来自天南海北的包裹或快递，打开一看是几本小人书或漫画书。这些朋友有时连电话也不打，书就寄过来了。每当这个时候，我内心都是极其感动的，因为有朋友会时刻记得你，他们出差碰见小人书，就会想到我，有些书尽管我早已有了，但毫不影响我对朋友的感激之情，那一刻，心是软软的、暖暖的。

第八十六回

影响中国曾辉煌

说说前苏联地区的油画收藏市场。

2000年，我随剧院去白俄罗斯及俄罗斯交流演出，前苏联地区的地大物博和人民对艺术的尊重给我留下了深刻印象。也许我不能以历史的角度评判苏联解体的意义，但苏联解体还是给各个后来独立的前苏联成员国带来不小的阶段性困难。

我认为第一次去一个国家或地区留下的直观印象往往是最深刻的，也是该国或该地区最明显的特色文化表象。白俄罗斯及俄罗斯对艺术的热爱和尊重给我留下很深的印象。我们的演出很受欢迎，跑了许多城镇，各地都有不错的剧场，观众也极其热情和礼貌，每次演出后都会有许多观众和我们演员交流，看得出他们对艺术的热情。闲暇之时，我总希望带回几幅油画，这也是前苏联对中国影响至深的艺术品种之一，不能空手而归。

当你穿行在前苏联广袤的土地上时，你就会明白油画是苏联人必然选择的艺术。蓝天或乌云笼盖、森林或积雪、教堂或黑土地都只能用多彩的油画来表现。我明悟了中国国画也是中国的必然艺术选择。据介绍白俄罗斯和俄罗斯的油画购买出境有一定限制，只能带一些商店出售的油画。当时还不像如今在各地可以刷卡消费，需要用美元兑换卢布使用，也只能买一些低价格的油画。在白俄罗斯我买了一副当地获过大奖的年轻艺术家的油画《落日》，我买这幅画花了115美金，这幅画我非常喜欢，因为画面就是我对白俄罗斯土地留下的最直观的景象，一种淡淡的朦胧薄雾笼罩整个大地，显得悲壮而又神秘。

前苏联油画

二战时期，前苏联牺牲了大部分年轻人，但这个民族是不屈的，成为纳粹德国的噩梦之地。

在俄罗斯的弗拉基米尔，我们居住在一个古老的酒店里，每个房间都布置的各有特色，非常民族化、艺术化，给我留下了深刻印象。在这个酒店里，有一个小画廊，经营一些美术学院学生的作品，我买了四幅小油画，有的送给了朋友，有的摆放在床头，质量都不错。相比之下莫斯科的油画价格就很高了，即使是旅游商品油画价格也不低。但莫斯科博物馆一定是要好好参观的，那里汇集了大量世界著名油画。我也只能买本画册供自己翻阅了。

前苏联油画在中国的收藏市场占有一席之地，但这种影响越来越小了。其艺术成就自不必言，终归受市场流通性影响，不宜做投资性收藏。自己欣赏收藏还是很好的选项。

说说我收藏的花梨手串。

2008年，文化部组织了全国动漫市场方向高级研修班在上海学习。请我为学员班讲了一课《做人与做事》，受到大家的欢迎，自此我与全体学员结下了不小的缘分。2009年又以学员的身份再一次和全体同学一起学习研讨，就不断加深了彼此的友谊。我在上课期间手中经常盘着手串，也带一些同学到上海的一些艺术品收藏家、鉴定家家里喝茶，为紧张的学习生活平添几分悠闲的色彩。一位西安的鲁智勇同学见我喜欢手串，就答应送我一只海黄手串。

2010年我因事务离不开北京，没有参加高研班学习。2011年抛开手中工作，如愿到上海参加学习。刚刚报到，就见鲁智勇同学把一只手串递了过来，一看这只海黄手串，我几乎忘记了和鲁总寒暄，立刻被这只手串吸引住了。9颗直径3厘米的海黄油梨上好珠子，油黑发亮，"鬼脸"纹理熠熠发光，挂坠是一只直径2厘米的翡翠圈。整只手串颜色匀称、厚重，一看就不是凡品，让人神往。回过神来感谢鲁总，他说2010年就给我带来一次，听说我这次能来上海，就一直带在身上，总算了结了承诺。

这只手串是智勇早年去海南游玩时从一个饭店老板手中买下的，当时他觉得戴在老板手上的东西错不了，就给买下了。不过这只手串太大，不宜每天戴，就一直放着。我如获至宝，上课期间每天都认真用口罩布细盘，一周时间盘下来，大不一样。鲁总说，看样子这东西放在你手里才有善待啊。

黄花梨手串

越北黄花梨手串

　　上海学习之后，我应苏州同学吴坤的邀请和山西的高伟同学、北京传媒大学的佟婷同学、武汉的赵总一起去苏州参观吴坤的士奥动画公司，公司发展得很好，更可贵的是吴坤出身美院，自己还拥有一个收藏品沙龙，不乏精品。我们还一起品尝苏州美食、在琴馆品茶夜话。次日一起游览了留园和寒山寺，寒山寺如同苏州园林般精致乖巧，碰见一位师太，见我把玩花梨手串，便拿过去欣赏一番，还给我说："这手串是我见过的花梨手串中的精品，现在世上不过百件了，要好好收存，这也是缘分。"感谢这位师太的吉言，这只花梨手串又引发了一系列缘分，在下文中会提及，让我的花梨手串短时间增加了数串，看来物以类聚、物与人亲是有道理的。

　　这只手串我也特别看重，不仅东西不错，更是友情见证。

再说我的花梨手串收藏。

前文说到鲁总送给我的海黄手串，被一位香港的朋友看到。他欣赏之余，对我说：越南这种东西很多，不如海黄好看，我在越南有企业，过些日子送你一个越南花梨手串。这位朋友还真守信，不久就到北京来，请我去了他住的酒店，送我了一挂质量上乘的越黄念珠。直径3厘米，选用越南黄花梨上乘木料制作，颜色褐红色，共19颗，编串的非常精美，是典型的佛珠编法。

佛珠19颗珠子寓意指19说法：观世音菩萨应众生之机缘而现19种身以说法。这也是佛珠的特有界定。据朋友讲：这串念珠是为寺庙香客定做，应该就是有这样的寓意了。

在这位朋友处还看到一串黄花梨的罗汉挂珠。由大到小排列，精美异常。这样的极品见到也是缘分，我向朋友打听一下价格，吓了我一跳，13万元人民币。看来我这辈子是没有缘分拥有了。

2011年8月的一天，我和同小区的高先生步行到报国寺闲逛。报国寺是以书报刊和连环画为主的古玩市场，因为收藏连环画的原因，我几乎每周都要过去转转。每逢周四、周六、周日还有许多经营其他古玩、工艺品的摊位。我总要看看几位经营手串和木器摆件的摊位，在这里买过很多。路过一位经营花梨摆件的摊位时，我的眼光立刻被一串花梨罗汉挂串吸引住了，就是我在朋友处看到的那种挂珠。

我平复一下驿动的心跳，要过来品鉴。共30颗珠子，大的直径

六瓣金刚菩提子手串

海南黄花梨挂珠

4.5厘米，小的直径2厘米，海南油梨，颜色均匀，整根木料制作而成。手里这串比朋友处见到的还要精美，那串的缺憾是颜色不很统一。我试着问了价钱，摊主开价很实在，只报8000元。我志在必得。讨价还价一番，吸引了许多围观者，最后倾我及高先生身上所有现金，以5200元人民币购得。围观者有不少懂木头的，都认为捡了便宜。

我回到家里，反复把玩，爱不释手。花纹雍容华贵，每颗珠子都有相近的花纹，颜色也极匀称，实在是海黄中的精品。

后来我把这件挂珠给我那位香港朋友欣赏，他也非常激动，提出以十倍的价格转让，我毫不犹豫地拒绝了，我开玩笑说：有你的价格比较，我就把它当作15万的东西。他希望我再看到这样的东西给他打个电话，有多少收多少。

我后来多次去那位经营者的摊位，再也没有看到同样的挂珠。摊主还一再抱怨卖赔了。生活中有些时候需要有梦。也许是对朋友处挂珠的念想，才有这样的机遇，实现自己的梦想。这也是缘分。

三说我收藏的花梨手串。

我迷恋上黄花梨手串后，做了两件事。一是系统研究有关佛珠的资料；二是向木器鉴定专家请教有关黄花梨鉴定的知识，这两件事让我受益匪浅。

《佛珠》一书是这样介绍的：据专家考证，大家带的手串、念珠、挂珠主要源于宗教挂饰，特别是佛教对念珠特别流行，说法也很多。专家曾按照珠子的数量把念珠分为上中下三品，这里的"品"是指佛教意义，不是指珠子本身的品质。即1080颗或108颗念珠为上品佛珠，表示求证世间的种种烦恼；54颗珠子为中品佛珠，表示菩萨修行的54阶位；27颗珠子以下为下品，表示小乘修行四向四果的27贤位。18颗念珠寓意与108颗相同。普通僧人用18颗念珠的很多，也有18罗汉的寓意。

前文提到的19粒佛珠，我查阅了有关书籍，介绍了观音菩萨这19种身：即佛身、辟支佛身、声闻身、梵王身、帝释身、自在天身、大自在天身、天大将军身、沙门身、小王身、长者身、居士身、宰官身、婆罗门身、四众身（比丘、比丘尼、优婆塞、优婆夷）、四妇女身、童男和童女身、天龙八部身、执金刚身。没想到一串念珠还有这么多说法。

向专家周默请教了黄花梨鉴定的说法如下：黄花梨的海南品种最为上乘。史料记载：海南全境都曾有黄花梨树种，但颜色不同。海南东部地区的黄花梨逞黄色，开发最早、流传最广；海南的中南

手串

越南黄花梨手串

玛瑙手串

部黄花梨逞橘红色；海南西部黄花梨为褐紫色，也是密度最高的黄花梨，开发较晚，这与当时的交通条件有关。越南黄花梨其花纹、油性、密度都不如海南黄花梨。海黄的花纹比较清晰，有明显的线状；越黄的花纹比较模糊。不过，海黄已经基本没有成材的树木了，仅存几棵大树，其余基本是直径几厘米的小树；越南黄花梨也濒于枯竭，近年毁灭性的开发，导致越南黄花梨也所剩无几。

我后来买了几串佛珠，尽管销售者告诉我都是海黄，但我还是相信周默先生的理论，都坚持按越黄的价格成交，卖则买，否则就不买。其中一串直径2.5厘米的，花纹不错，有花色血丝，荧光熠熠，我非常喜爱；另一串是直径3厘米的，花纹繁杂，雍容华贵，只是太过耀眼，不宜盘戴。近日听朋友介绍，福建省成为黄花梨的主要木料集散地，看来越南的黄花梨基本上都跑到中国来了，收藏也是一种环境破坏的动力。

说说我收藏的瘿木弥勒故事。

鲁智勇先生送给我的花梨手串可谓引发了许多缘分，在周庄我遇见了香港的聂先生。他答应我送我越黄的佛珠，还给我看了他佩戴的沉香佛珠。聂先生认为我是识货人，交换了名片，彼此还客气一番。

次日回到上海上课，就接到聂先生的电话，说请我去他的办公室，要送我一件花梨工艺品。我借口上课没有时间，就婉拒了聂先生的好意。一面之交，哪有接受别人礼品的道理。没有想到我下课时，聂先生已经等候在门外，说东西已经带来了，之所以请我去办公室就是怕我不喜欢，让我过目看看，东西一定要送，这个不喜欢，在选其他的。执意晚上一起吃饭喝茶。像聂先生这样的怪人，我还第一次遇见。萍水相逢，竟然这般执着。我看他一番诚意，也没办法，东西也没收，就说我晚上有约，要不就一起跟我去吃饭，他就一口应允了。晚上，我约好到上海玉器鉴定家刘正丰先生家吃饭，刘先生是北方人，饺子包的好，我每次到上海，有时间我都会到他家里吃饺子，这让我在上海时，能找到一些北方的感觉。刘先生和夫人热情好客，所有的客人都会为两人的真诚所感染。聂先生了解到刘先生是玉器收藏家和鉴定家，兴奋异常，马上打电话又请来恒源祥的刘董事长等人，谈古论今，很是尽兴。饭后聂先生的司机送我回学校，吃力地搬出一个纸箱，说是聂先生送给我的工艺品。我一只手竟然没有拎起来，可见确实很重，也不知是什么宝贝。

托运回北京，打开包装才发现是一尊越黄根部瘿木雕刻的弥勒佛

越南花梨瘿木弥勒佛雕像

瘿木底托

瘿木筷子盒

像。令人不解的是如同一块顽石一样沉重。瘿木亦称影木、影子木，"影木""影子"之名系指木质纹理特征，并不专指某一种木材。瘿木不是某种树木的代名词，而是泛指所有长有结疤的树木。结疤也称为"瘿结"，生在树腰或树根处，是树木病态增生的结果。瘿结有大有小，小者多出现在树身，而大者多生在树根部。根据瘿木性状差异，可划分为老瘿木、新瘿木；根据树种不同，可分为红木瘿、花梨瘿、楠木瘿、柏木瘿、榆木瘿、桦木瘿、枫木瘿等；以花纹的大小或形态可分为葡萄瘿、核桃瘿、山水瘿、芝麻瘿、虎皮瘿等；也可分为南瘿、北瘿。花梨瘿——木纹呈山水、人物、鸟兽状。

材料自然不是凡品，但遗憾的是越南的雕工实在是不敢恭维。我第一眼就感觉佛像雕得不对，但一时还没找出哪里不对。因为用的是新瘿木，新瘿木易拱、易走样。佛像已经有了几道裂痕。由于雕像太重，我就把它放在地上，一日无事，我又细细品味，突然发现佛像的右手竟然刻成左手动作，佛像手中握的物件，拇指在左，四指在右，难怪看上去感觉别扭。

此件花纹非常漂亮，但雕工太差，只能当作原材料收存，希望有一天，请到一位高明的技师，重新雕琢。必可成就一件杰作。

正是因为如此，可能也是聂先生想让我先看看的理由，这也是一段美丽错误的缘分。

说说我的沉香及沉香手串收藏

沉香是一种木材衍生物，也是中药材，是沉香树身上的一部分。英文名是Chinese Eaglewood。是双子叶植物药瑞香科乔木植物沉香或白木香的含有树脂的干燥木材部分。其功效是：降气温中，暖肾纳气。主治：治气逆喘息，呕吐呃逆，脘腹胀痛，腰膝虚冷等病。其木材与树脂，可供细工用材及薰香料。其黑色芳香，脂膏凝结为块，入水能沉，故称"沉香"。沉香，又名"沉水香"，"水沉香"，古语写作"沈香"（沈，同沉）。古来常说的"沉檀龙麝"之"沉"，就是指沉香。沉香香品高雅，而且十分难得，自古以来即被列为众香之首。

沉香并不是一种木材，而是一类特殊的香树"结"出的，混合了油脂（树脂）成分和木质成分的固态凝聚物。这类香树的木材本身并无特殊的香味，而且木质较为松软。据现在的研究，主要分布于越南、印度、印度尼西亚、马来西亚等地区。

采取后的沉香通常需要加工以祛除木质部分，加工后的沉香多呈不规则块状、片状或盔状。一般长约7～30厘米，宽约1.5～10厘米，但也有大于一米的珍品。沉香木质表面多凹凸不平，以黑褐色含树脂与黄白色不含树脂部分相间的斑纹组成，可见加工的刀痕。沉香折断面呈刺状，孔洞及凹窝部分多呈朽木状，判断沉香以身重结实，棕黑油润，无枯废白木，燃之有油渗出，香气浓郁者为佳。

沉香树脂的特征为质地坚硬、沉重、其味辛、苦。树脂极为易燃，燃烧时可见到油在沸腾。在燃烧前树脂本身几乎没有香味。颜色

越南沉香

非洲花梨茶海

依等级而分依序为绿色、深绿色、微黄色、黄色、黑色。随树脂颜色的不同，燃烧时所释放出来的香味有所不同。决定沉香等级的最重要标准为其树脂的含量。沉香树脂极为沉重，虽然原木的比重只为0.4，当树脂的含量超出25%时，任何形态的沉香(片、块、粉末)均会沉于水。沉香的名称正是来自于其沉于水的特质。沉香形成通常需数十年的时间，树脂含量高者更需要数百年的时间，故自古以来沉香的供给远远赶不上需求。近年来由于人们对珍贵沉香趋之若鹜，使得沉香供给几近枯竭。

　　一位朋友有缘赠送我一块沉香，香气浓郁，入手发沉，色泽发黑。我还藏有一串俗称"药沉"的手串，价格不菲。此外，还有一位林业部门的杨先生送我的购买于柬埔寨的沉香手串，市场上价格不高，但极为少见。还存有海南朋友赠送的沉香粉，用作熏香之用。周默先生说：沉香的种类繁多，很难科学进行分类，至今他也没有精力把沉香彻底搞清楚。

说说绿檀的收藏和保养。

绿檀是檀木的一种（说法并不科学），其木质地紧密坚硬，侵蚀不朽。有自然漂亮的木纹，手感滑润细腻，香气芬芳永恒，色彩绚丽多变。绿檀木的神奇美丽，人们通常供为吉祥之物，称为"圣檀木"。随身佩带，邪气不侵。古有传说可避邪治病……因其特性高贵，在我国古代宫廷极为流行，大官贵族都普遍佩戴。放一尊绿檀的雕品于案头可提神醒脑，长期接触此物对身体有益。如今用绿檀制作的精美雕品之风在近年内很是盛行。

在国内的多数寺庙里外，有大量的绿檀佛珠出售，价格适中。可能因为绿檀原料充足，绿檀制作的各种旅游商品、工艺品非常多，特别是在国内南方旅游景点，都有大量的批发制品供应。但整体制作工艺比较差，还不如金丝楠木的整体价格。我在井冈山用5元钱买了一把绿檀木梳，造型还不错，也有厚重感，放在写字台上，每天用它梳梳头，活活血，觉得很值得。绿檀佛珠也经常看到在珠子上刻画刻字的，显得很俗气。

绿檀也经常用来雕刻摆件或佛像，因为颜色的原因，并不美观，于是用来雕刻笔筒或砚台的外罩及笔架、笔托等，也有用作镇尺的。2008年去河北廊坊考察，当地朋友送一只绿檀笔筒。高25厘米直径20厘米，壁厚近3厘米。外壁用浮雕、镂雕有弥勒佛及童子像，山水花木为衬，工艺还算精美。应该是当地工艺美术品厂加

红木铁拐李雕像 　　　　　　　　　　　　　绿檀浮雕花瓶

工，作为礼品用。不足之处在于批量制作，打磨粗糙。用手抚摸便会感到不光滑。需要用细砂纸重新打磨。这类雕刻笔筒非常常见，但均是做工粗糙。北京经营工艺品的商店多数可以看到。

按说绿檀制品长期置放之后一直保持绿色，但放久了颜色也会变浅。我曾用核桃油保养过一次，奇怪的是逐渐转为黄色，隐隐还有些绿色，不知是不是用错了保养方法。

通过绿檀的市场观察，发现远不能同其他贵重木材市场可比，其中的精品也不多。这个道理如同越南木雕市场的道理一样。近日我和两位朋友去了北京南面的一家专门经营越南红木雕刻的专营店，全是大件笨拙的雕刻品，我们没有看上一件可收藏的东西，唯一可取的是两件越黄花瓶，由整段越黄原木打磨而成，没有任何雕饰。可以当作标本收藏。绿檀可能是因为木头原料不缺，也就没有高水平技师来打理，市场也不会有大的起色。

第九十三回

高危品种论古玉

说说古玉的收藏粗浅道理。

中国人爱玉，是因为有特殊的玉文化。爱玉的文化源远流长，与中国的人类文明史息息相关。石器时代就孕育着玉器收藏的开始，先后经历了图腾崇拜、母系时代、父系时代、祭祀文化、神巫文化、神权文化、帝王文化、世俗文化等既线路清晰又混合交织的演进过程，贯穿了中国历史的始终。玉石是中华民族最本质文化特征的具象化载体。我去过世界几个主要博物馆，石器时代的文物都有展示，但玉器均没有独立的体系。而中国几乎可以把历史凝缩到玉器史之中，是一种独特的文化现象。

不断有专家提议改写中国古代史，最有力的佐证就是古玉的文化符号比现在的史书记载的文明开端还要早。我没有权利对此发表看法，但我可以体会到古玉确实在中国具有特殊的文化含义。古玉鉴藏家刘正丰先生就是对中国古玉痴迷者，他选出良渚古玉精品随神九遨游太空，实现了他的中华玉文化不仅走出国门、走向世界，又走向太空的梦想。古玉和石器、化石是目前可以见证历史的少有的几种能够保留下来的远古见证品，古玉和石器又是可以留下人类文明印记的见证品。所以，古玉的收藏成为收藏者的重点关注领域。每一位玉器收藏者可能都希望自己有一件真正的古玉。

古玉的收藏有几点需要特别的注意：

一、是绝难获得。我总说收藏需要机缘，古玉的收藏就更需要机缘。我不敢断言绝大多数人都没有这样的缘分，但我可以断言多数古

良渚玉饰

玉都是赝品。古玉的来源主要是考古发现和殉葬玉器，收藏传承和零星发现少之又少，而考古发现的古玉又基本被国家保存。流落到民间的可能性极小。但古玉作伪一直不断，多数流入了古玉爱好者的藏品中。

二、是真假难辨。我因工作关系结识了几位古玉鉴定专家，尽管各有各的鉴定绝活，但总的说来，他们一年之中能看上眼的真品没有几件。古人以美石为玉，高古玉中，很少有优质玉材，就是不错的石头。并非像如今市场上琳琅满目的各种玉石类商品多得是。也恰恰因为如此，古玉的鉴定就更为困难。包浆和工艺技术就是重要的依据，但也缺乏足够的科学性。

三、是传承不清。古玉记载不详，虽然也有当代的一些图书记述，但多数是自娱自乐的出版物，没有多少档案价值，不足以作为收藏依据。古书的记载多是手绘图，只是可以参考的资料，甚至为作伪提供了图样，不宜作为收藏的标本。国家几个重要博物馆的收藏图录，也只能当作佐证。所以，古玉完全是凭鉴定来收藏。

四、是价格昂贵。高古玉的价格一定是以万元为单位的。一旦买假，损失很大。实在喜欢，可以买一些高仿品，主要欣赏古玉文化的内涵。

一般古玉（明清）收藏还可涉及，高古玉收藏最好敬而远之。

说说收藏中的交学费现象。

收藏过程中上当、受骗或打眼、误判是常有的事，鉴定专家也不能幸免，何况普通的收藏爱好者，觉得不舒服可以理解，觉得丢脸就大可不必了，因为这是每个收藏者的必由之路。

艺术品收藏消费比起一般日用品消费还是有些不同的，自古以来就形成一种畸形的消费理念，就是周瑜打黄盖，一个愿打，一个愿挨。上当受骗只能怨自己没有慧眼，反而怨不得骗你的人。这种收藏消费理念不同于当代的消费者保护理念，也助长了坑蒙拐骗的嚣张气焰。如果不是法律介入其中，这种畸形消费理念还要延续下去。

用一句俗话说："没有金刚钻别揽瓷器活。"这就是收藏市场的流行法则。我曾与国家工商局消费者权益保护司的领导讨论过这个问题。从国家法律健全、诚信经营等角度推出收藏消费权益保护是正确的。但难点在于艺术品藏品交易的特性很难规范化。首先是藏品很难提出标准化要求；其次没有定价的依据，不属于国家管控物价范畴；再次是没有商业交易的规范手续，取证都极为困难；最后是是非断定困难。愿打愿挨的交易方式就导致了责任归属往往在购买者。我国法律对诈骗行为是有约束的。但买真买假、钱多钱少还真没有一个评理的地方。这种你情我愿的藏品交易，就像家庭矛盾一样，清官难断。

另文说过，防止上当受骗的最管用的办法就是不占便宜和了

汉白玉少女雕像

天津泥人张组塑

解常识。前者可以防范因图便宜而上当；后者可以防范因无知而受骗。比如收藏银元，如果5元钱就可以买一枚银元，上当者就是贪图便宜，银元一定是假的；如果花5000元人民币买一块"袁大头"就一定是因无知当了"冤大头"。如果你以15块钱买了一幅启功的字，后来证明是假的，你能怨恨别人吗？如果你以50万元买了一幅启功的字是假的，你也只能抱怨自己没有慧眼。收藏者在做出大价钱购买决定时一定要慎重。一是辨识真伪要慎重；二是完善手续要慎重。一旦受骗，为主张权益做好法律依据。

收藏这碗水有多深，我回答不出来。一些上当的事情绝不是可以简单地在法律上可以断定的一清二白的，只能凭智慧和经验做出相对的决断。交学费不可避免，只是别总犯同样的错误就是进步，以万元计的购买一定慎之又慎。收藏只是图个高兴，如果总是不开心还不如放弃。

第九十五回

道高一尺魔一丈

说说收藏的设局对赌。

收藏有坑蒙拐骗，也有斗智斗勇。有些时候是明知是火坑，也得往里跳；有些时候会将计就计。但总的说来是道高一尺，魔高一丈。因为收藏者有喜好的软肋，就难以跳出算计你的手掌。只有断了欲念，才可能道长魔消。

前几年看一位藏家写的自己跳火坑的故事，非常耐人寻味。这位藏家偏好收藏宫里的紫檀杂项。一日有人拿来一件八角宫灯，藏家心仪此灯久矣，一看就知道是当年慈禧太后的仅有两个镇宫宝灯之一，工艺精湛的无与伦比，只是遗憾的缺了24片彩绘玻璃。藏家高价买下。买下后天天爱不释手，但总觉得缺了彩绘玻璃片是很大的遗憾。翻书找资料，请人重新绘制了24片彩绘玻璃，配上后，仍觉得不完美，毕竟不是原封的东西。又过了半年时间，又有人向其透露消息，听说有人在出售24片彩绘宫灯玻璃。这位藏家当时就明白了，这是精心给他设的局，摆好了火坑，让他跳两次。藏家说，没有别的选择，只有再出高价买下彩绘玻璃。这是典型的一蟹两吃，摆明了架势，骗你没商量。我看了这个故事，就浮想联翩，假如过几天又有人告诉这位藏家，另一盏宫灯也有消息了，你说这位藏家怎么办！

无独有偶，还真有这样的故事发生。大家都知道当年保利集团大张旗鼓地拍回了圆明园流失到国外的兽头铜雕，举国上下掀起不小的动静。不久，就有消息又有一个兽头在国外露面了，保利集团

法国18世纪手工酒瓶　　　　　　日本传统手工切子工艺

意大利威尼斯传统玻璃吹塑工艺　　　杨丽珊琉璃工坊制品

　　的当事人也是智者，当时就明白了，兽头将一头一头地露头。接下来的故事我就不讲了，有些事情不便把话说明白了，至于后来闹出的风风雨雨，也不便评说。我认为这件事情很有意思，如果不断然处理，就会弄出一道一蟹十二吃的大餐。不管别人信不信，反正我相信：魔就是魔，心机之深怕不是正人君子可以揣度的明白的。这就是收藏市场的深水，有多深没有人知道。

　　收藏市场里的问题，绝不是简单的对错问题。是对人性问题的深度探试。只要收藏者有执着，就有着魔的机会。这个世界上，按《圣经》的说法，不仅是上帝与你同在，也有魔鬼与你同行。收藏者要有占有心，更要有平和心，心念不能自制、节制，就必生心魔。有心魔就难以抵御诱惑。平和心解决的就是心魔。用佛经的名言说解脱的办法就是：与爱相去者，无忧亦无怖。

说说金星紫檀的收藏。

我是先知紫檀，后知"金星紫檀"的称呼，一时之间周围的人都在议论金星紫檀，紫檀手串也纷纷以"金星紫檀"为噱头，极尽夸张之能事。给"金星紫檀"蒙上了了一层神秘的面纱。有人一旦见到上面有金星的紫檀，就十分惊喜，往往买一件金星紫檀制成的小件也要出大价钱。

百度上介绍：到底什么是"金星紫檀"呢？首先，"金星紫檀"不能算一个特殊品种，至少在本质特征上与其他紫檀无异。大陆性紫檀和海岛性紫檀中都能见到"金星紫檀"，无论是色素颜色还是颜色是否掉色都与其他紫檀一致。同样，在显微镜下观察到的组织排列也是一样。其次，"金星紫檀"在外观上与其他紫檀的区别在于：其切面上可以看到丝状的亮晶晶的淡黄色物质排列，若隐若现，如满天星斗般，有的极像是瓷器中的兔毫，充满情趣。显微镜下可以见到这种淡黄色的物质发出荧光色。

"金星紫檀"上的金星是怎样形成的呢？通常有两种看法：一种看法认为，"金星紫檀"中的金星是沉积在树木管孔中的矿物质，紫檀若是生长的地方的地下水富含矿物质，那么它在生长的过程中将水中的矿物质沉积在体内，就有了丝丝金星；另一种看法认为，"金星紫檀"中的金星是木质本身腐烂的结果，这种金星是紫檀本身腐烂物质和树脂的结合物。其实，不管"金星紫檀"的金星是如何形成的，"金星紫檀"总是好看的。况且，"金星紫檀"的数量要比

紫檀手工豆角

紫檀手工豆角

紫檀葫芦

金星紫檀手工葫芦

其他紫檀的数量少了很多，人们总会珍视这些稀少而美丽的东西。"金星紫檀"不那么好找，要凑足做一件家具的"金星紫檀"就更难了。所以，几乎难以见到某一件家具全是用"金星紫檀"制作的。但常可以见到用"金星紫檀"制作的紫檀小件，而且价格不菲。

　　往往"金星紫檀"的密度稍低于相同品种的无金星的紫檀，不过也能看到密度大的"金星紫檀"，制作的成品确实美丽异常。我收藏有两只金星紫檀的手工葫芦，材质是所谓的满星的紫檀，工艺尤其精致，我视为小件中的极品。先是买了一只，整天把玩，爱不释手。一日不小心掉在水泥地上，葫芦根蒂先着地，按照木材的纹理摔裂了一小段，十分痛心。我自己用刻刀修饰一番，也难再完美。痛定思痛，又买回一只。此后加了小心，不再随时携带，只在安静的环境下把玩。上品的小叶金星紫檀最好用软布盘玩儿，不要轻易用油养护。

再说收藏的良好心态。

收藏要有好的心态，这是收藏者的共识。亿万收藏者都有无数的心得，大体总结起来归结为"六心"，即细心、虚心、耐心、静心、决心及敬畏心。收藏之路充满着惊喜，也充满着苦涩。一旦踏上了这条路，欢乐与痛苦、兴奋与焦虑便会与收藏者相伴始终。抱着良好的心态，保持以下"六心"，能使藏家在收藏之路上走得更顺、更好。

一、细心。细心观察、细心发现、细心辨别、细心保存。细心是收藏者的基本素养，没有细心就是如同超市购物，就没有半点收藏的体会，只剩下花钱的快乐了。

二、虚心。作为一个成功的收藏者，系统的历史、民俗、文学、考古、工艺美术和社会知识是必不可少的。收藏需要具备"慧眼"，这种"慧眼"不是一朝一夕炼成的，而是日积月累，不断学习、不断总结经验后才可能具备的。只有虚心学习，不耻下问，才能不断提高鉴赏水平。另文提到过藏品鉴定专家一样打眼，可见永无止境，多看、多听、多问、多学、多体会是应有的虚心态度。

三、耐心。收藏是一种积累，好比春蚕吐丝成茧、春燕衔泥筑巢，日积月累，方能集腋成裘。收藏不能毕其功于一役，需要长期坚持，不急功近利，耐得住寂寞，一定要有一种韧劲，得数年、数十年、甚至一辈子耐心收集、精心珍藏，方能藏有所成。

名家紫砂壶

尼泊尔鎏金佛像

私人精制文化酒器

四、静心。收藏需要热情与理性的和谐，热而不狂，迷而不痴十分重要。藏家应该具有淡泊素质，也就是要有一种平静的心态，不可浮躁，更不能不切实际、想入非非。捡漏最能体现藏家的一种成就感，同时也是一剂精神鸦片。它最容易撩动内心的浮躁，让你产生以最小付出获取最大利益的奢望，而在物欲面前迷失自我。

五、决心。当发现有喜欢的收藏品种，只要看得准，就应果断下决心买进。我的体会是：当遇见喜欢的藏品时，决策犹豫时就问自己会不会有失之交臂的遗憾，如果会有强烈的遗憾感，就下决心买入，不留遗憾。

六、敬畏心。敬畏心是指收藏者既要有对藏品凝结的文明和艺术、工艺有敬畏心，也要对国家法律、伦理道德有敬畏心。不管不顾往往会人财两空或留下挥之不去的阴霾。

收藏是件快乐的事情，爱之心是收藏的本源，拥有良好的心态才能体现出爱心和愉悦。缺乏良好的心态，收藏者将发现没有快乐可言。

第九十八回

过眼过手即拥有

说说藏品的最终归宿。

　　藏品千百年来演绎了无数的传奇和故事，也凝结了无数收藏者的心血和梦想。无奈人生苦短，藏品长存。无论收藏者怎样迷恋藏品，都有与藏品分手的一天，想明白也好，想不明白也罢，恐怕藏品的最终归宿就是收藏者总要面对的问题。

　　收藏者还是要有一个正确的心态来面对这样的问题。历史上有无数的收藏者采用了用藏品殉葬的方式求得与藏品生死与共。绝大多数落得结果是引来盗墓贼，还弄得尸骨难全，藏品要么毁损，要么重新面世，实在是没有生死与共的意义。如果珍爱藏品，还是早作打算，为藏品寻个好的归宿吧，要么传给继承者，要么留给社会公众，后者是真正对藏品的负责和尽心。

脊兽

　　网络上看到一段文字，颇有同感：齐白石先生有一方印章，曰："万物过眼，即为我有。"面对收藏，保持"过眼即是拥有"的心态很重要。一件藏品，被你看上并收藏，其实就是一种缘分。但一件藏品究竟会被你藏多久，后来会去哪里，你或许很难把握。一些真正的收藏大家，晚年总愿意将藏品捐给国家。在他们看来，"艺术品最好的归宿就是全社会共有，人类的优秀艺术品，应该让所有人都有机会亲近，无论保管还是欣赏条件，摆在博物馆，远比摆在自己家里有价值"。

瓦当

　　美国著名收藏家亚莉珊德拉·芒罗，她以2000万欧元的竞价购买了法国18世纪女性肖像画家维瑞·勒布伦的一幅画，尽管事先知晓这幅画不能运出法国的规定，但当得悉"只要捐一笔钱给当地慈善基金会，就可买走这幅画，然后再借给你挂在家里，并一直挂到你去世的那一天。以后，再由基金会收回此画"时，她慷慨地向慈善基金会捐赠了100万欧元。面对有人不理解，她解释说："既然能通过这个途径将我喜欢的画挂在我家，我就能在活着时有了艺术品支撑我的精神世界，等我死后，无论这幅画是捐还是卖，这些都跟我无关，我在生前也根本不会去想这件事，这也是我作为一个收藏家的终极目标。""过眼即拥有""不为浮云遮望眼"不就是这位收藏家心态的反映、胸臆的直露吗？

收藏的过程，莫不是收藏者心态的表露过程。可以说，有什么样的心态便会有什么样的收藏，心态决定收藏。以平和的心态去玩收藏，必让你远离市侩性投机，远离炒作性的诱惑，远离盲目性跟风，从而玩出收藏新理念、新天地、新境界，也会为藏品找到最后的归宿。

俄罗斯名画《森林早晨》

说说收藏与投资的关系。

有人把股票投资、房地产投资和艺术品投资并列为三大民间投资领域。艺术品投资在我国远不如其他两个投资领域成熟，但艺术品投资的发展趋势却越来越火爆。艺术品具有投资功能已经是不用再去讨论的问题，这里说说收藏与投资的关系。

收藏是收聚蓄藏、收集保存的意思。投资是指通过财产的累积以求在未来得到收益。从金融学角度来讲，投资相较于投机而言，投资的时间段更长一些，更趋向是为了在未来一定时间段内获得某种比较持续稳定的现金流收益，是未来收益的累积。可分为实物投资、资本投资和证券投资。但看收藏的字面含义与投资没有直接的关系。之间的联系在于"一段时间积累"和"未来"收益。投资是需要一段时间的等待而获得未来收益；收藏是收集并保存相当长的时间，这就是两者共同之处、关联之处。投资的目的是集中于未来收益的；而收藏的目的是极其多样性的，获得未来收益只是收藏的结果之一。只有把收藏的目标直接瞄向未来收益，才有收藏投资的说法。

许多收藏是不具备市场性的。比如一个人的情书收藏、一个人的个人阅历相关物品收藏等都极其个性化，不具备市场价值。只有大众收藏品才具有市场价值、具有商品属性。而收藏投资只能选取大众收藏的品种。而为了确保收藏投资的未来利益，还只能选取大

艺术品投资讲座

众收藏品种中的具备增值潜力的收藏品种。

书画收藏是大众化收藏品种，但并不是所有的书画都有可观的增值空间。我认识一位老先生是许麟庐的学生，曾痛哭着烧掉了上百张自己的画作。他痛恨世人不识真艺术，自己的作品总徘徊在千元以下的价格。我看了他的作品，我认为不逊于王雪涛的水平，但市场就是市场，有许多时候，市场和艺术价值是错位的。如果从收藏的角度看，这位老先生的作品极具收藏价值；如果从收藏投资这个角度看，这位老先生的作品就谈不上有明显的投资价值。

理解收藏与投资的关系，就是理解收藏价值与投资价值的关系。收藏价值是大范围的；投资价值是小范围的。两者会产生交集部分，交集部分就叫做收藏投资。对于收藏者而言，个人兴趣是最重要的，是收藏的本源初衷。如果是选取的大众收藏项目，也不妨关注收藏投资领域，既有快乐，又有收益可能，也是不错的选择。

第一百回 选好角度射双雕

说说收藏投资的藏品特性。

2009年以来，房地产投资受到限制，银行存款利率不高，股市波动又大，美债危机来了，欧债危机蔓延，物价总水平居高不下，国内已然步入物价高企的通胀时代。一些有眼光的机构或个人已开始在收藏市场拓宽自己的理财领域。

收藏投资首先考虑的是增值保值。另文已经介绍过，不是所有的藏品都有增值保值的市场投资价值。如果做收藏投资就必须选好有保值增值潜力的藏品品种，这类品种也不少，归纳起来，适合保值增值的收藏品主要应具备如下特性。

纪念银币

一、藏品具有可估算限量特性。收藏投资品应该有数量限制，数量太多，不具备增值潜力，数量太少不具备市场规模。

二、藏品具有广泛的知名度。收藏投资品应出于名家、名人、规范出品人或机构，只有这些师出名门的物品，才具备持续收藏、持续增值的潜力。

三、藏品有交易的活跃性。收藏投资品应具备良好的流通性。尽管艺术品藏品没有股票市场的规范交易规则和持续交易活性。但也应该在一定阶段有良好的流通交易。如果几年都不能增值交易出去，就不具备投资价值。

纪念金币

四、藏品便于储存。目前除了黄金等贵金属艺术品实现了部分非实物化交易之外，收藏投资品还基本保持了实物交易形式，这就需要藏品便于存储。藏品的交易价格与藏品的品相密切相关，一旦出现毁

纪念币

损，价格就会跌落深谷。所以，收藏投资品应该便于妥善保管。

五、藏品不易重置或再生。藏品有不断升值的潜力主要在于稀缺性，时间久远，藏品越显得珍贵。如果藏品可以不断的复制，收藏品的市场就会崩溃。以前邮品市场出现过加印邮票的愚蠢做法，实际上会动摇收藏者的信心，导致市场一蹶不振。

六、藏品有良好的增值指数纪录。收藏投资品应该具备良好的、连续性的市场交易纪录，并且根据交易纪录可以绘制出逐年抬升的价格指数曲线，这是遵循科学的收益可预测原则。如果偶发的或炒作的短期行为引发的价格上扬，不宜长期跟进。

七、藏品具备收藏价值。这是作为收藏投资品的基本前提。

八、藏品具有产权独立性。这是收藏投资品可自由交易的前提。

在国家宏观经济调控和ＣＰＩ指数难以预料的经济形势下，收藏投资理财是正确的。主要是选好收藏品种。一方面通过投资收藏使自己的财富增值，另一方面又在收藏和鉴赏的过程中，提高了个人的鉴赏水平，体验了收藏的乐趣，可谓一箭双雕。

说说"乱世黄金，盛世收藏"的道理。

收藏品中一直存在材质收藏与艺术收藏两大倾向。有人偏爱材料的珍贵和稀有；有人偏爱超越材质之上的文化艺术价值。当然也存在两者兼而有之的藏品。黄金和珠宝、玉石类是典型的材质类收藏；书画、票卡、瓷器等是典型的文化艺术类收藏。材质类看重物质性；艺术类侧重精神性。"乱世黄金，盛世收藏"道出了这两类藏品的主要差别。

纪念金条

材质类藏品具有天生的珍稀价值，用经济学的理论讲，这是此类物质与生俱来的属性。尽管当今世界各国的货币发行希望尽力摆脱金本位束缚，但黄金储备还是一个国家货币价值依据的重要参照物。因为黄金天生就是充当一般等价物的材料。黄金的自然属性是比重大、柔软、熔点低、便于加工，世界储藏量很低且不易提炼。白银的自然属性就略逊一筹，黄金与白银的地位差别是与生俱来的。黄金在任何时候都是不易获得的材质，也是任何时候都被世人认可的珍贵金属。作为货币符号的纸币会因战乱、经济、政治、国体而摇摆不定，但黄金不会有太大的波动。因为表象上看是用货币在买卖，实际上是物物交易的抽象化表现，而黄金则代表了物物交易的本质。所以黄金是永远体现价值的物质。这就是逢乱世手里要有黄金的道理。再说得直白点，在乱世中黄金可以换饭吃。

生肖纪念币

黄金材质的特殊性也带来它的局限性，就是价值稳定，波澜不惊。所以，黄金的价格波动不会大起大落。这就导致了黄金在安稳

纪念银条

纪念金条

的环境下就更安稳。而书画等艺术类藏品会成为安稳时期的宠物，价格会剧烈波动，社会越安稳，价格就会越高，这时的艺术类藏品体现出的增值潜力就不是黄金所能比拟的了。这就是盛世收藏的道理。艺术类藏品如逢动乱，就会在其使用价值或市场价格方面表现为急转直下的趋势。这时，人的首要问题又回归到生存的层面，以精神享受为主要功能的艺术类藏品就不会成为重要考虑因素，价格就会跌落低谷。也说得直白点，动乱时，艺术类藏品不能换饭吃。

我的一位同学在伊拉克侵入科威特时正出差在科威特，买回一大批艺术品，价格出奇的便宜。她说："我这是发战争财。"战争出现时，艺术品只是累赘。我不好说现在一些商人大量购买黄金金条、金砖的行为对错。但我认为在黄金价格合适时，有闲钱购置一些黄金一定是正确的，保值是做得到的。

说说收藏的缘分。

缘分是佛家语，说的是机遇和巧合。用佛学的道理讲是一种果报。善结善缘，恶结孽缘。缘分是因果相报的结果。

有一位朋友听我讲过金刚舍利的故事，2012年6月6日晚这位朋友赠送我一颗金刚舍利，小珍珠大小，洁白晶莹。我怀敬畏之心捧过来，心情十分平静，我认为这是天大的缘分。舍利有价亦无价，朋友相赠，感激之情不说，我最看中的是其中的缘分。这里有情谊的缘分、有志同道合的缘分、有一心向善的缘分、有慈悲智慧的缘分、有激励自新的缘分。我把舍利置放在洁净处，让女儿焚起三只菩提心香，弥漫在檀香的氛围里，种下新的善因。

我讲过的金刚舍利故事说的是我一位上海的朋友由怀疑金刚舍利的神奇性，而屡次毁灭性验证并最终深信不疑的真实事件。赠送我舍利的王敬之先生又一次从研究所的朋友处听到了几乎同样进行反复试验，不能损金刚舍利分毫的故事，有幸得到两粒，于是赠送我一粒。

我为了安置这颗金刚舍利，在意大利买回一只玻璃水晶宝盒，又想寻找一块开光贴为背景，发现一家收藏品门店有一张静空法师书写的开光贴十分可心，但是非卖品。我经常"纠缠"门店老板，前后有两个月时间，我准备给五千元请回开光贴。老板见我真心喜欢，就收了300元装裱费，又是一场机缘。无独有偶，2013年清明时分，我陪王敬之先生到潍坊参加他的书法展，当地的朋友一起

净空法师手书

烛台

聊天，热心龙山古玉文化弘扬海外，他听我及王敬之先生讲起舍利的问题，十分兴奋，早年间他有缘收藏一些舍利及装盛舍利的水晶棺，又执意送我三粒金刚舍利和一只舍利水晶棺。看来是我讲故事结下的连绵缘分。

用此例子想说说收藏的缘分。收藏的缘分起自于心，人的一生会接触、拥有许多都会在以后成为藏品的物件，因无心留存而失之交臂。我与玉器鉴定专家王敬之先生谈起收藏的缘分问题，他说的一段话很有道理。他说："我最大的乐趣是清理房间，每过一段时间，我就会把房间里的东西彻底清理一次，留下该保留的东西，清理掉没有保留价值的东西。一些儿时的物品，至今还在保留着，有价值或没价值不是看值钱不值钱，是看对于自己的缘分。"

第
一
百
零
三
回

忍
痛
割
爱
有
大
爱

说说收藏的动物保护意识。

收藏中的一些门类是与动物皮毛、角、牙、骨相关的藏品。比如象牙雕、犀牛角、虎皮、豹皮、羚羊角、牦牛角、鹿角、骨雕、昆虫标本等，许多动物已经濒于灭绝，这与收藏有密切关系。国际上已经对象牙、犀牛角等原材料及工艺品都以国际公约的方式严加禁止，但还是屡禁不止。

牛角雕件

收藏者偏爱此类艺术品或标本主要有两个原因。其一是物以稀为贵。越禁止、越濒于灭绝，越显得珍贵异常；其二是这类艺术品确实很漂亮。如象牙雕是国际化的收藏品种，一些精品精美绝伦，可谓人见人爱。因此，收藏的热情不减反增，已经成为国际化问题。

我看过一个资料，已经记不清是南亚的哪个国家了，动物保护组织对其国境内的所有大象进行了一次比较完整的统计，成年大象70%的象牙被偷锯掉了。人类是这个地球上的主宰者，再野蛮的动物在人类面前也是软弱无力的。人类先是通过对生态环境的掠夺式开发，导致动物生存环境恶化。再发展到通过现代化设备对珍贵动物进行定点定位猎杀，动物也只有任人宰割的命运，解决的办法只有靠人类的觉悟及法律禁止交易。

象牙小件

我也深知收藏的内在规律就是物以稀为贵，但是还是要呼吁收藏者最好放弃此类藏品收藏的兴趣。特别是放弃对新制动物类材质艺术品及标本的兴趣。不是此类藏品不值得收藏，只是手下留情，

钟乳石摆件

需求少了，供给就少了。也许是救了许多濒绝动物的性命或种类。近几年去非洲的朋友多了，回国后总会带点小件的象牙饰品、工艺品。有朋友送给我，都被我拒绝了。在日本一家古玩店，我看到一件牙雕，价格并不高，远远低于国内的价格。我问日本朋友，回答说：许多日本人因为动物保护拒绝购买牙雕。这也是一件老物品，才会摆出来卖。有身份的人收藏牙雕，被媒体知道有时会被抓辫子、做文章。我也感慨良多：如果国内也会这样，收藏者可能就会形成共识。但我也清楚这需要时间。

中国对象牙的进口、加工都有严格的管理规定。但很多收藏者往往表现出"明知山有虎，偏向虎山行"的"勇气"，越是法律禁止的事情，越要铤而走险。我极少干涉艺术品评估委员会的评估工作。但我告诉工作人员，如果有来评估象牙、犀牛角的，就狠狠的压低评估价值，打消收藏者收藏动物类藏品的热情。再说了，藏品品种多了，何必非和动物材质的藏品较劲呢！

说说高端艺术品收藏投资心理准备。

我对收藏投资跃跃欲试。认为我有很多别人不具备的优势，如有普通收藏的经验积累、有众多艺术品界朋友、有许多关系密切的鉴定专家、有艺术品经营者的支持、看到了身边许多收藏投资的现实例证等等。谁知真动作起来，就发现没有做好高端艺术品收藏投资的心理准备。

翡翠孪生手镯

我的收藏投资指导人是吕立新，吕立新是国内青年一代比较成功的收藏投资者，既有当代书画鉴定的专业知识，又有长年的书画市场经营经验。他对艺术品的市场判断之准实在令我佩服。我们在一起共事，也结下了深厚友谊。工作之余，立新经常对我说，有现金别总存在银行，买几张画吧。我总说好好好，就是犹犹豫豫。2010年嘉德春拍，立新说我给你选几张画，你在我给你划的上限金额内，可以放心买。我就委托一位朋友陈捷帮我举牌。为什么请朋友举牌呢？实际上是担心我自己下不了决心。陈捷倒是快刀斩乱麻，很快就给我买了一张黄胄的《五驴图》。他电话问我要不要，不要他就留下。我想既然委托朋友办事，就不能临阵脱逃，遂回答说："要！"

玛瑙手镯

2012年6月，我和陈捷喝茶又谈起此事，陈捷说自己也是一样，真是买画时，就犹豫不决了，不是钱的问题，是没有做好心理准备。高端艺术品收藏投资，少则几十万，多则几百万、几千万，甚至上亿。收藏者如果没有良好的心理准备，可能就一辈子不会涉足其中了。不到两年，我买的画已经升值数倍，现在谈起来这个话题好像很轻松，实际上如果不是我委托朋友举牌，我可能永远不会去买几十万的藏品。此后，我又收藏了两幅著名画家任重的一对《高士图》作品。

涉足高端艺术品收藏投资，除了选对投资藏品外，还需要有足够的心理准备，说不是钱的问

黄胄《五驴图》

题，还是钱的问题，是钱的表现形式问题。我们习惯了常规理财方式和常规货币核算心理，一旦很多钱表现在一张不是银行的存单、股票交易纪录单、房产证而是字画时，必然心理失衡。特别是对工薪阶层，这种心理失衡就会更强烈。我至今也不敢提倡普通的收藏者踊跃进入高端收藏投资市场，从我的体会看，没有良好的心理素质，就别贸然进入这个充满诱惑而又充满风险的市场。

高端艺术品收藏投资领域有其独特的规律，喜欢还是前提，前提之下就是解决心理准备问题，然后才是技术性、专业性问题。股票市场经过多年的培育，已经成为大众化的投资市场了，还深刻地存在心理不成熟问题，我认为高端艺术品收藏投资市场最大的门槛，就是心理准备问题。

第一百零五回

善举慧刀断得失

再说高端艺术品收藏投资的心理准备。

前文说了进行高端艺术品收藏投资决定的临门一脚的心理状态，再说说进入市场后的患得患失心理。

进入高端艺术品收藏投资，就会不断关心市场行情，行情起起伏伏，会直接影响收藏投资者患得患失的心理。比如我买了黄胄的《五驴图》后，不断有朋友商量转让，加价10万、20万、30万、50万、100万，我也一再犹豫，期间也有市场大势回调，也会影响心理。这就是纯粹收藏与投资收藏的不同所在，我的连环画收藏从来就没有转让的想法，也就对连环画行情没有兴趣，而投资买高价画就想获得收益，这是两种不同的心态。

鹿角盘雕件

如何看待收藏投资的得失问题呢？我就说说我投资股票的经验，大同小异。每个人情况和性格不同，股票的投资策略也不同，我每天杂事很多，没有时间关心股市行情，就采取中长线投资的策略，就是阶段性过问股票行情。方式很简单，就是凭周边环境而定。如果周围的朋友都开始谈论股票时就关心一下，股票大涨时，就坚决出货；股票大跌时，就不犹豫进货，然后就不再关心了。之间的间隔，也许是一年，也许是几年，只要一天之中，周围有多个朋友和我提起股票，就意谓可以买卖了。买永远买不到最低点，卖永远卖不到最高点，但按此方法操作，一定不会低于50%的利润。我也不亲自操盘，每次都是委托夫人代办，她在执行过程中，会很犹

玛瑙把件

寿山石项链坠

豫，我也理解，这就是投资者的普遍心理，天天看盘，心态就是七上八下，如果不是短线操盘高手，就最好采用中长线的投资策略，过一段时间就有明显的分晓。

市场上活跃的名家书画，是收藏投资的主要品种，是经过锤炼的活跃品种，只要留得住，就不怕短期的起伏跌宕。只要不是借来的钱或养家糊口的钱，就放放再说。前提是对市场大势要有明智的判断，不要梦想一本万利。中国名家书画目前处于价格的报复性回归期，也将调整到位，接下来是稳定的增值期，不会一再维持翻倍增值的势头。

还是股市的投资原则，如果做股东，就如同纯粹收藏，起起伏伏是浮云；如果做收藏投资，就如股市的中长线投资策略，过一段再说，达到心理预期收益价位，就果断出手，落袋为安。心里要清楚：其一，手中的作品出手后难以再回头；其二，此作品再增值多少与自己没关系。只有这样的心态才能斩断患得患失的心理乱麻。

钱字当头多忧愁

第一百零六回

说说投资收藏的理性与感性纠结。

2012年6月下旬，我在北京大学给艺术品经营高级研修班讲课，上午讲文物艺术品市场概论，下午讲艺术品市场几个瓶颈问题。系统地梳理了国内艺术品市场的主要状况，大家觉得受益匪浅，与我交流也很热烈。但交流到一定程度，就又回到经济收益问题上来，大家关心的还是投资收藏问题。

学员大体来自三个方面，一是艺术品收藏的爱好者；二是有钱要投资艺术品的人；三是艺术品投资基金及经营机构管理人士。这三类人基本反映了当前艺术品市场的主要主体构成状况。应该说多数人还是看重艺术品的投资功能。就是说大家关心的是投资收藏，钱字当头来涉足艺术品领域。

可流通纪念币

我认为钱字当头的心态可以理解，但对于艺术品领域恰恰是极大的误区。一旦把钱字当作前提，必然一切围绕钱来考虑问题，收藏的乐趣就会减少很多，甚至荡然无存，更有甚者可能只有忧虑和痛苦。我在收藏和投资收藏两个方面都有过体会，那是两种不同的心态，我收藏连环画是纯粹的收藏，凝结了我许许多多的心血和情感，写了一本《连环画情缘》总结了收藏的甜酸苦辣，是一件很享受的事情；我也以投资的想法买过书画，但仅仅是当作商品来购买，都没有展开欣赏过，只是等待一个合适的机会把它加价卖出。投资是一种理性行为，只能考虑市场因素，不能以个人好恶来论收

艺术品投资培训

藏。就比如你喜欢一个没有市场流通性的画家的作品，作为收藏你可以买。但作为投资收藏你就不能买。因为这样画家的作品没有市场追捧，你无法完成后续的交易。而收藏是一种感性行为，只要娱乐身心就好。

投资收藏理想的模式是理性与感性的统一。就是以喜欢艺术为出发点，有长期持有的耐性，避免急功近利的短视行为。艺术品的投资如果放眼长远，就会轻松自如；如果急于获利，必为烦恼所累。

回顾所有的真正藏家，都不是以直接获利为目的的。而这些人的藏品恰恰是最有财富价值的，是因为这些藏品收藏的时间最长和品鉴取舍最严格。无论外人如何以财富的观念去看待这些藏家的藏品，对于真正的藏家而言也就是淡然的一笑了之。歌德说过："收藏家是最幸福和快乐的人。"为什么幸福？为什么快乐？是他拥有和占有了吗？不完全是，他主要的幸福和快乐是建立在收藏的过程之中，收藏本身的过程赋予了最大的幸福和快乐。

第一百零七回

只问文明不问钱

再说收藏看兴衰。

很多年前我在《北京晚报》看到一篇杂文，感慨齐白石先生的画作今非昔比。说的是齐白石先生在困难时期，用一张白菜写意画欲与进京贩菜的菜农换几棵大白菜，菜农拒绝了。杂文感慨在乱世再好的艺术品也不能当饭吃。

尽管世界局势依然动荡，尽管世界经济风云变幻，但世界毕竟趋于进步和理智，经济也在稳定发展，绝大多数人已经不再为温饱问题所深深困扰了。中国逐步进入经济结构重新调整期，文化艺术进入快速发展期，收藏也进入普及时代。恐怕再不会有人拒绝用实物的白菜来换齐白石先生的白菜画作了。但必须看到两种白菜的价值揭示了物质与精神、乱世与盛世的关联和区别。

和田玉雕件

艺术品的收藏投资与社会安定及经济发展状况时密切相关的。收藏，特别是收藏投资的前提条件就是社会安定和社会财富有相当的积累。社会安定才有文化消费的需求；有积累的财富，才可以顾及艺术品市场。"有钱有闲"是保证艺术品收藏投资的基本市场环境。即使如此，收藏投资也需要以喜欢为前提。即要有"闲情逸致"。有喜欢艺术品情趣的人，才是收藏市场的最后赢家。这些人即使在社会动荡、经济困难时期，也会有收藏的爱好。王雪涛先生在"文革"受到冲击，赋闲在家创作了一批册页大小的写意作品80张，在荣宝斋出售，2.5元人民币一张，买者寥寥。目前这批作品每

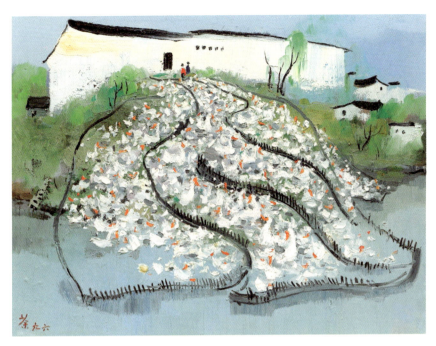

吴冠中《嘈嘈皆乡音》

件价格在30万左右（有部分作品陈列于济南王雪涛艺术馆）。王世襄先生也是在极其困难情况下收藏家具。这些真喜欢艺术品的人，是不考虑市场收益的，只因为喜欢。这些人是真正的藏家，也是外人看到的收藏市场赢家。这些人赢在何处呢？赢在对优秀艺术品的发自内心喜欢的情结中。这种情结不会因为乱世而丢弃，也不会因为盛世而膨胀。

"乱世黄金，盛世收藏"只是对市场而言的，不是对真正的艺术鉴藏者而言的。对于真正的藏家看重的是精神财富，而不是今天为纸，明天为钱的市场喧嚣。收藏不看兴衰，收藏不计得失。如果一定把收藏与物质财富联结在一起，收藏也是前人栽树后人乘凉的道理。大收藏家张伯驹是个值得尊重的人，在乱世他卖掉了自己的房子，卖掉了自己的收藏去买珍贵的文物，"愿此物永存吾土"，他将价值连城的22件文物统统献给国家。收藏其实不是只为自己，所有的收藏品都是人类共有的财富。在这个境界上对艺术品的推崇和热爱是没有物质财富杂念的。

说说收藏的贡献。

2012年6月15日，我匆匆浏览了欧洲最早命名的世界历史文化遗产城市——佛罗伦萨。该城保护之完好更甚于意大利首都罗马。这个城市最大的特点是永远回避不了一个六粒药丸组成的家族族徽——佛罗伦萨的美第奇家族族徽。我小时候在世界历史课本中学习过欧洲文艺复兴运动，知道美第奇家族对文艺复兴起过积极的推动作用。到了佛罗伦萨才直观地感觉到美第奇家族对人类文明史的巨大贡献。

艺术品投资收藏博览会

斯卡拉歌剧院

罗马剧场

　　参观佛罗伦萨市政大厅和市政广场，到处是目不暇给的雕塑与建筑的艺术杰作。我在罗马就领教了雕塑与建筑废墟的"恐怖"，无论何时都有300万尊艺术雕像默默散落在罗马的大街小巷或宫殿里，每天迎送无数的游客，也无语的诉说古罗马的辉煌与兴衰。而佛罗伦萨更是集中了欧洲文艺复兴时期70%的文化艺术瑰宝。雕塑、绘画、建筑都自豪地展示着艺术大师们在美第奇家族的支持下在那个时代创造的丰功伟绩。

　　在市政大厅，市长正在召开重要的工作会议，而来自世界各地的游客就坐在后排的座位上用耳机听导游介绍美第奇家族创造的艺术神话。在市政大厅一角安放着米开朗基罗65岁创作的一件雕塑杰作。大厅的四周和天花板都是杰出艺术家的雕塑和壁画。更为神奇的是在市政大厅的厚厚墙壁中覆盖了达·芬奇一件壁画。来自美国的科学家首先扫描出图稿，并采用尖端科技在不损害外墙壁画的前提下，正在提取达·芬奇的画作，据介绍需要20年的时间，才能让达·芬奇的作品重新现世。

　　美第奇家族没有后人，最后这个家族将40个博物馆的建筑和全部艺术品都捐赠给佛罗伦萨市，并且约定不能用于商业交易和所有的艺术品不能离开佛罗伦萨市。丰富的藏品和有远见的约定，造就了佛罗伦萨城市的不朽历史和独特的文化艺术中心城市地位。应该说美第奇家族用家族的藏品支撑了佛罗伦萨永久的繁荣，用藏品为城市所有市民获得永久的文化旅游收益的源泉。

　　美第奇家族的收藏不仅是佛罗伦萨城市的骄傲，也是意大利、欧洲、乃至世界文明史的骄傲。不仅是对佛罗伦萨的贡献，更是对人类历史的卓越贡献。这是收藏的最高境界。美第奇家族对文艺复兴的贡献值得世界人民尊敬。

说说收藏品的鼎力制作。

艺术藏品是怎么来的？除了艺术家或艺术工作者的辛勤创作之外，还需要财力的支持，特别是那些优质材质和华贵的艺术精品，更需要充足财力的支持。这是我参观美第奇家族藏品后的由衷感叹。

在文艺复兴时期，佛罗伦萨的美第奇家族就是艺术瑰宝的财力支持者，有人说美第奇家族支持艺术与文化的目的是想从思想上控制人民，达到统治社会的目标。不管别人如何评价，我认为美第奇家族对艺术家的善待是真诚的，对艺术的鉴赏是虔诚的。否则，这个家族不会不遗余力地支持艺术品制作。

达·芬奇、米开朗基罗、拉斐尔是美第奇家族支持的众多艺术家中三位大师级的代表，美第奇家族是如何善待和尊重这些艺术家的呢？看看英年早逝的拉斐尔遗留下来的资产就略知一二了。拉斐尔是文艺复兴三杰中最年轻、也是最早逝的一位艺术大师。人们在他的寓所里发现他遗留下来的16000枚佛罗伦萨金币。两百多年后，发生在美国纽约的一位荷兰人用14枚佛罗伦萨金币买下曼哈顿岛的事件，告诉了我们佛罗伦萨金币的价值。美第奇家族的壁画的金色是黄金磨出的金粉，红色、蓝色是红宝石、蓝宝石磨出的颜料画粉，雕塑采用的是最细腻的顶级大理石。正是美第奇家族不计代价的金钱资助，才诞生了如此之多、如此不可思议的艺术杰作。不论美第奇家族出于何种政治目的，其对艺术和艺术家的慷慨是居功甚伟的。尽管艺术来源于生活，甚至来源于苦难，但

俄罗斯油画

挣扎在温饱边缘的艺术家是难以创作出恢弘气势、大气磅礴的艺术精品的。

美第奇家族明智地消耗了有数的金钱财富，留下来的是无法估量的文化精神财富，这些文化精神财富是如何高估也不为过的。我结识一位不方便提及姓名的先生，他对中国艺术品收藏市场发展起到过不小的作用，最近正在策划一批珍贵的书画题材藏品，做法是他策划主题，然后出重金委托当代著名艺术家创作，这些作品由于独特的策划，可预见一定是未来市场备受推崇的藏品，用这位先生的话说："作就作极品，极品才会有历史的和艺术的价值。"虽然这位先生不像美第奇家族那样富可敌国，但他对有价值的艺术品认识是独到的和精准的。一些极品艺术品藏品是用资金和匠心精心制作出来的。

第一百二十回
精湛技艺有玄机

说说名表的收藏。

名表的收藏源于国外，近十年来，国内有部分人士开始了名表收藏。名表收藏属于高端收藏，是起点很高的一种收藏，非有资金实力很难涉足。所谓名表一般指产于瑞士、德国等地的高价格腕表，五万元或七万元以上的腕表是名表收藏的起点。

在瑞士编辑的《瑞士手表》2012年春季特刊中，把瑞士产的腕表分为3万元、7.5万元、35万元及高于35万元以上的几个等级。3万元左右的腕表属于普通佩戴的手表，7.5万元以上的手表才具有收藏价值。手表属于有实际用途的饰品，随着时代的发展，手表的计时作用逐渐弱化，装饰性得到强化。社会人群对手表的态度也明显分化，自手机普及以来，不喜爱戴手表的人越来越多，而年轻人更是把手表作为反映性格的佩饰，只有不足三分之一的成人，还热衷佩戴名牌手表，而热心名表收藏的人更寥寥无几，主要原因是名牌手表的价格不菲。

手表

据了解名表收藏的朋友介绍，名表的收藏热点在价格百万元左右的品牌手表范围，价格低于35万元，表的数量相对较多；价格高于100万元，行情难以启动。名表收藏看重的主要是表盘机芯。机芯手工程度高、数量少的名表最能收到市场追捧。名牌手表是收藏热点，也有个别独立制表人享有较高声誉，虽然没有品牌支撑，也会有专业藏家看好。手表不同的种类，有不同的收藏人群。手动表、

手表

自动表、石英表、电子表都有各自的拥趸。不久前，中国一名藏家在香港以4200万元的高价拍得一批斯沃琪手表藏品（4363支）。

瑞士是高级名表的主要生产国，这与历史积累与手工传统有密切关系，尽管世界各国都以股份收购的方式介入瑞士制表业，但瑞士的手表制造业霸主地位是难以动摇的。瑞士高级钟表协会介绍了20支经典腕表很值得收藏者关注。主要是卡地亚、劳力士、积家、浪琴、百达翡丽、万国、沛纳海、百年灵、宝珀、江诗丹顿、欧米伽、爱彼、萧邦、伯爵、斯沃琪、芝柏、帝舵、昆仑、豪雅、雅典等品牌的不同年限所产代表性产品。这些品牌也是最受消费者关注并推崇的品牌。

连续近20年来，有人统计，这类名表同款的产品售价，年均上调5%～8%。在国内尚不具备有规模的交易市场，典当奢侈品中，名表表现还好，但拍卖方式国内刚刚开始有像样的专题拍卖会，这和市场需求有关系。中国藏家还主要依靠香港或国外市场完成二级市场交易。

第
一
百
十
一
回

赏
玩
律
己
手
臂
间

说说手串的收藏。

　　手串的收藏方便易行，受到许多人的喜爱，也成为普及化的收藏品种。小小的手串收藏也有不小的学问。

　　首先是制作手串的材质千奇百怪。可以说多种材质都可以制作手串，据一本手串书籍介绍，手串常见的材质有几十种，已经出现过的材质手率达三百多种。其中最主要的材质是木质、竹制、果核、玉石、珊瑚、蜜蜡、玛瑙、琥珀、骨牙、珍珠、水晶、碧玺、人造宝石、金属、玻璃等材质。

　　手串佩戴的历史悠久，最早源于原始社会，人们把手串作为战利品炫耀或饰品，佛教兴起后，对手串的佩戴起到了很大推广作用，六根清净的佛陀，经卷、木鱼、袈裟、佛珠、钵几乎是全部用具，佛珠既是诵经的工具，又是僧人的把玩物件，于是佛珠的广泛佩戴又推动了世俗社会的跟随，僧众又把佛珠的数目赋予了不同的佛理。所以也把手串称佛珠。由于一些文艺作品把手串当作反派人物的道具及佛珠的延展意义，社会上有些人对佩戴手串有一定的偏见，实在是无稽之谈。

　　手串现在基本采用标准大小制作，最常见的是1.0厘米、1.5厘米、2.0厘米的直径尺寸珠子，也有不是圆形的骨牙制品和果实制品。2.5厘米以上的直径尺寸不适合生活中佩戴，多数为特殊作用的饰品或收藏品，也有72颗或108颗的小珠制成的缠绕几圈的手串，适合女性或年轻男性佩戴。木质手串最适合大众人群佩戴，男性比较适合佩戴木质手串，女性可选择的种类很多。木质手串最受青睐的是花

瘿木印章盒及章料

梨木、紫檀木、沉香木、金丝楠木等。这些木质手串都具有手感舒适、花纹漂亮、耐盘戴的优点。

　　手串盘戴保养的一些流行的说法有很大误区，我个人认为：绝大多数品种的手串都不宜用水、油、化学保养剂清洗或养护，最好的方式是用棉布经常擦拭盘玩儿，可以用干手盘戴，但一定定期用棉布擦拭，这样盘戴的手串才能显出品质之美。潮湿天气或易出汗季节，最好不要盘戴木质手串，汗渍对木质手串都有明显污损。

　　手串的收藏偏重于个性收藏，盘带过的手串一般不适合二次转让，特别是木质手串，用交易行为进行转让的不多，一般的消费者都喜欢买新制的手串，而不会去买别人盘戴过的手串，因此，手串收藏的二手市场并不活跃。这一点需要做投资收藏的朋友特别注意。

　　手串佩戴实际上还有另一层的文化含义，就如同大家都要带的戒指，可以赋予手串一些警戒提示的文化含义，这样佩戴手串，就更好的发挥了手串的精神作用，而这一点往往是手串佩戴者最容易忽视的。

自制枣木手串

蜜蜡手串

瘿木手工宝罐

说说瓷器的收藏。

瓷器是仅次于中国书画其后的另一主项收藏品种。瓷器在中国艺术品拍卖场所，几乎都是以专场形式出现，可见其主项地位。中国瓷器收藏以官窑收藏为主、以清代以前的瓷器收藏为主，青花瓷器是主要瓷器收藏品种。2008年之后，当代艺术陶瓷开始受到市场关注，一些名家制作的陶瓷，其拍卖价格已经高于普通青花瓷，而且这种收藏当代艺术陶瓷的趋势有相当的发展潜力。

陶瓷在我国的存量巨大，几乎每个历史时期、每个区域都有代表性的陶瓷存在。因此，普通的陶瓷并不受重视，除了五大名窑的作品备受瞩目之外，以青花瓷、粉彩、斗彩为代表的官窑瓷器一直是收藏的热门领域。官窑收藏成为瓷器收藏的稳定增值品种。陶瓷容易损坏，也因为明清以前的陶瓷实用性较强，没有在工艺技术上下更大功夫，流传下来的精品不多，个别精品也难以形成与官窑抗衡的收藏种类。在价格上官窑之外的地方窑瓷器和民间瓷器的流通价格普遍不高。明清时期，特别是晚清时期至民国时期，存世的藏品很多，即使是一般的青花藏品也与官窑精品的价格相差甚远。

瓷器作伪并不是很困难，能够制作出精品的能人也很多，因此伪品存世量极多。我与杨静龙、王春成、毛晓沪、陈海波等鉴定专家都讨论过鉴定问题，高仿陶瓷的鉴别非常困难，尽管这些专家各有鉴定绝活，但在陶瓷鉴定领域想全面贯通所有品种的鉴定还是有

新制青瓷工艺碗

绿釉浮雕花瓶

长沙古茶壶

一定困难的。这些专家认为，有一定收藏经验的收藏者对于低仿品的鉴别还有一定把握，但对于高仿品的鉴别一定要极为谨慎。

从产量和市场拥有量来看，喜欢陶瓷的投资者越来越多，进入市场的资金越来越多，因此，陶瓷市场的整体价格是走高的。特别是官窑精品的价格越来越高，已经不适合初入市场者购入。我对于陶瓷收藏的观点是买新不买旧。近年来，一些新富阶层的收藏家和投资家将目光投向了当代陶瓷名家艺术作品，我认为新的艺术陶瓷会逐步找到自己的价值。由于江西、浙江、江苏、广东、福建等多地都将陶瓷列为支柱产业，也将为国内形成一种投资陶瓷的文化氛围。但新的艺术陶瓷有炒作成分在里边，也要防止购入价里已经透支了未来增值空间。

说说收藏数量的意义。

我和国家画院院长杨晓阳先生共同做中国艺术品产业博览会的组织工作。杨院长是一位藏家。他在西安美术学院工作期间，就广泛收藏西北地区的各种特色文物，去过西安美术学院的人都会看到满校园的石雕石刻，拴马庄就不计其数。西安美术学院的博物馆里相当一部分展品都是杨院长捐赠的，粗略统计杨院长的藏品约有三万件左右，前些年杨院长向国家捐赠了四千件彩陶藏品，弥补了此项空白，贡献巨大。

闲暇聊天，我与杨院长说起收藏，他谈了对"收藏是否需要数量"的看法。他认为藏家不仅要有质的要求，也要有量的要求。如果没有相当的量就不能算是真正的藏家。他的观点是有道理的，达到藏家的标准确实不是一件容易的事情，许多客观的条件限制就阻碍了收藏者成为收藏家。资金实力、收藏空间、收藏养护条件都不是简单可以解决的事情。没有资金实力，就难以收集足够的藏品；没有收藏空间，就无处保存大量的藏品；没有精力和耐心，就无法妥善保养和维护大量的藏品。杨院长讲这样的观点也是有感而发，他对离开西安美术学院之后学院对其留下的藏品管理很是不满意，许多他精心收藏来的拴马庄的石雕石刻没有得到善待，甚至又一次受到损毁，对此他也只有恼火和无奈，看来做一个藏家何其难也。

杨院长是一个对收藏想明白了的人。他说："藏家的藏品只能贡

伊斯兰式细颈束腰铜瓶

俄罗斯油画

献给社会，贡献给公众。藏家只是完成或尽力完成收藏的过程。那么，社会如何成全收藏家的理想呢？"在国外，多数收藏家族都是采取了两种方式持续收藏家的理想。一是成立专项的基金，成立基金运营组织，制定基金章程和制度，以组织机构来保障持续收藏、持续保管；二是捐赠给政府、教会、大学或非营利组织，以博物馆或研究机构的方式运营收藏行为。第一种方式还保留私有产权，后一种方式多数是放弃了私有产权。但两种方式的共同之处就是已经告别了个人收藏的范畴，成为集体管理运营的模式。

近30年来，我国已经为艺术家或收藏家建立了近千家博物馆，基本的方式是艺术家、收藏家及其家属捐赠给政府或事业单位，政府或事业单位为捐赠品提供收藏保证，建立博物馆或艺术馆，提供部分经费保管和维护捐赠品。收藏者成为收藏家的数量标准，如果笼统地说，可能是在保证质量的前提下，藏品数量应该能够支撑一个面积为五千平方米的博物馆的展品数量。

第一百十四回

掌中世界有乾坤

说说连环画收藏。

连环画俗称"小人书"，是中国特有的一种美术文学艺术，在20世纪有过辉煌的历程，20世纪50年代、60年代、70年代、80年代出生的人，几乎都受到连环画的洗礼，也许是特定的历史环境造就了连环画艺术文学的"一枝独秀"，而几代人都乐在其中。一大批优秀画家曾是连环画艺术创作的生力军，练就了扎实的艺术功底，创造了连环画艺术巅峰；优秀连环画所传递的思想和精神理念，哺育了几代人的道德基础，深刻影响了几代人的价值观和审美观；连环画也最大限度普及了文学故事和传统文化。在那个特殊年代，连环画成为渴望精神营养的孩子们难得的阳光雨露。正是这样的原因，我自小与连环画结缘，开始买书、藏书、品书，近40年下来，已有万册书藏。

在藏书的过程中，我始终坚持自己的原则和习惯，一是不贪多。收藏是自己的事情，不必去用数量和价格与他人比高低；二是不深究。和许多藏友不同的是我只注重风格和画感，对不喜欢的风格和技法，敬而远之，更做不到对连环画作家如数家珍，这也是自己一直很惭愧的弱项；三是少交流。连环画收藏市场也是"风起云涌"，但不为所动，依旧我行我素，虽然也通过相同的爱好结识了一些朋友，但我并不愿参与聚会和大规模的交流活动、拍卖活动，爱好就是爱好，不能成为谋生的职业，如果执意如此，便失去了最

连环画

初收藏的意义；四是勤于体会和思考。体会收藏的乐趣、作品的精彩、作者的用心和思考连环画的发展前景。

连环画收藏不宜大面积购买旧书，旧书部分最好有原来的收藏基础，如果从新开始收藏连环画，不如直接购买2000年以后各个出版社重新再版的新书，这批书印刷精美，质量上乘，最适合收藏。美中不足就是价格偏高，近几年再版连环画，平装平均接近10元，精装平均接近30元，每月新书购买平均在1500元左右。

我理解收藏其实是玩，玩物是生活中的消遣，平添几分情趣而已，收藏贵在于"玩物"而不可"丧志"。望着一柜柜藏书，我悟到：藏书只是过程的结果，而我真正享受的却是收藏连环画过程中的经历和体会，这才是拥有的内心世界的精神财富和享受。连环画虽然比起书画、瓷器等藏品属于低价值、小品种的收藏，但其收藏的道理是一样的。如果不求财富回报，连环画不失一种随时可以欣赏、容易增长知识的修养类藏品。

第一百十五回 方寸之间多峰峦

说说邮票的收藏。

邮票收藏可能是世界上最普及的收藏方式。在中国要有过千万人收藏邮票或有过邮票收藏经历。邮票收藏是大众收藏品种，也是可以看作投资收藏的品种。邮票收藏经历了一次历史的转变，就是社会通信方式的转变带动的集邮方式变化。如今邮票收藏已经发展为纪念形式收藏，逐步脱离了实用品收藏的范畴，尽管理论上邮票仍然有实用功能，但现在的邮票发行基本是纪念意义或象征意义大于实际意义，如同纪念币一样，很少会被实际使用。

在中国历史上，邮票收藏出现过不少有影响的事件，例如最初的"猴票""大龙票""文革票""军邮票"等，集邮市场也经历了不少风雨，最为恶劣的事件就是发行部门不顾收藏者利益盲目扩大正品邮票发行量，导致邮票市场一蹶不振，不少收藏者脱离市场，集邮市场走入长期低谷徘徊局面。许多当年集邮的朋友都与我目前的状态相似，每年买一本年册放置起来，就再也不关心邮品市场的事情了。

2011年9月中旬亮相的"关公"邮票，一经面市，就在邮票市场上刮起了一股涨价的龙卷风，其四连体绢质小型张的价格，从最初的面值24元暴涨到4000多元，不久又随着邮市的下跌暴跌至1700元左右，这样一波惊心动魄的过山车行情，让许多邮票爱好者也深感无奈，其实这种现象就是邮币市场的一贯玩法，一定不要急于高处

陈逸飞《龙眼》

艺术品投资与收藏博览会

接盘。我作为普通的集邮爱好者收藏过多年邮票，客观的认为：如果按投资的理念涉足邮票市场，机会主要集中在热门品种身上。按业内人士的说法："投资邮品，一定要选择热门题材。"生肖和红色题材及中国传统文化题材的品种一直有不错的追捧，政治事件也一直是市场关注的品种。

投资邮品也有短线长线之分，从短线投资来看，选择当下一些热门品种是比较安全的做法。比如，每年临近春节，生肖邮票一定会走热。而从中长线来看，山水绘画类、瓷器类、传统文化类的邮品以及文学题材类的邮品也将具有投资价值。未经过沉淀和消耗的新邮不适合炒作，投资者更应关注老票。如1980年金猴为代表的老票，在多次调整中基本未受影响，预计老票的保值、增值功能将强化，而文字、编号、1974～1982年的纪念与特种邮票也值得关注。

此外，在邮票市场上一直有一个逆向思维的投机理念，就是投资者要留意每年发行的设计错误、设计不严谨的邮品，此类邮品的市场回报往往会比普通邮品大很多。同时要注意投资种类的选择，大版、小版邮票的收益都会高于普通邮票。

工料双全为精品

说说玉器和翡翠的收藏投资。

　　另文说过高古玉的收藏，这里说说以投资为目的的玉器和翡翠收藏。玉器收藏的发展趋势已经很明显，就是投资收藏要瞄准高端玉种，越是高端好玉升值空间越大。但是，我个人认为玉器的收藏投资不是艺术品收藏投资的最好项目，不可涉足过深。其中重要的原因是玉的主要高端品种已经趋于枯竭，替代品种的产地在国外，未来的市场走向很难分析。

　　和田玉被称为"国玉"，有着几千年历史文化传承的渊源，作为装饰和收藏投资品种，深受大众的喜爱。这些年，收藏界对和田玉的定义也是一再的扩大。原来所说的和田玉主要指新疆和田地区产出质量非常细腻的白玉，但顶级新疆和田玉往往是老料，现在和田地区优质料种已近枯竭，产能太低，已经很难发现高端好玉原料了。现在流行的说法是把有和田玉相同结构的白玉都统称和田玉了。作为收藏投资品种来选择，不确定性因素太多了。主要风险在于：（1）高端玉石的鉴定标准模糊。买家对玉的认定，不是靠科学仪器分析的成分指标，还是追求传统和田玉的细腻白润；（2）高端玉如果新料主要产地在国外，货源不可控，价格起伏很难把握；（3）经营和田玉的机构太多。都有各自的渠道，很难预料市场玉石的存储数量；（4）高端玉需要工料双全。精品玉器不仅质地要好、做工要好，文化内涵也要好。

曹龙祥先生玉雕

　　翡翠收藏处于高峰阶段，近10年来对翡翠的市场需求量非常大，

曹龙祥先生玉雕

翡翠的供应量也随之增长，价格也迅速提高。翡翠的人为加工作伪非常普遍，选择翡翠制品要很谨慎，特别是满绿的翡翠，价格高昂，需要有专业人士把关。翡翠的投资风险与玉器大同小异，工料双全为精品。

在上海我结识一位玉器工艺雕刻师曹龙祥先生。他拜名师、寻玉友、吸收多民族、多国家的雕刻文化艺术精髓。先后在日本、美国、意大利、澳大利亚等国研习十余载终有所成。回国后，创建了"龙祥制玉"。擅长分色、巧色、镂空巧雕，刀法犀利流畅、人物有骨、动物有神、神情兼备、张力无限，被业内誉为"神刀曹"。作品多有获奖，他应邀为《神州九号与天宫一号对接圆满成功》所制作的国礼纪念玉及山子雕"如日中天"，在融合海派雕刻技法及艺术理念的同时，也从真正意义上传承了"因材施艺、鬼斧神工"的中国玉雕工艺。我认为工料双全才是玉器收藏的根本。

此外，赌石现象都存在玉石和翡翠的上品原材料中，此事故事性高于实操性，不适合机构投资。如果不是具有丰富经验者，不宜一般投资者碰运气，属于偏门行为，不属正常经营行为。

说说红木家具的收藏。

红木家具收藏也是比较普及化的收藏品种，红木家具店几乎遍布国内各个大中城市，高收入人群有一定的比例有购买红木家具的倾向，但是缺乏相关的知识，买来的红木家具多数是只能自己使用或鉴赏，不具备增值或再流通功能。

家具的发展趋势向简洁化、舒适化、情调化发展，这是当代社会不可逆转的趋势。复古式红木家具难以再现历史的辉煌，这需要消费者有清醒的认识。一些历史的情结促使一些高收入者对红木中式家具还存有向往，但客观上讲，红木家具不是很适合现代家庭使用。此外，不是所有的红木家具都有收藏价值，就是说不是所有的红木家具都是艺术品。对红木或硬木艺术家具的认知，建议爱好者多读王世襄先生的几本书，这几本书图文并茂，很好地阐述了硬木家具的艺术性。这与众多的乡村家具厂生产出来的红木家具有天壤之别。2012年7至8月，北京皇城艺术品交易中心在皇城艺术馆举办了《明味·沈平家居设计展》，共展出沈平先生设计的明式家具100件展品，展览极为轰动。王铁成先生也参观了展览，对这批艺术家具给了极高评价。许多专家告诉我，称得上艺术品的红木家具少之又少。所以，提示以投资为目的的红木家具收藏要非常谨慎。

红木家具的用料也非常考究，目前大量的红木家具多数是进口的新红木制作的。对红木了解的收藏者知道老红木与新红木的差距，新

中国艺术品产业博览会
CHINA ART INDUSTRY EXPO
中国艺术品产业博览会LOGO

艺术家具

红木由于存放时间短，木材品种质量较差，制作出来的家具经常会出现变形和裂纹。此外，还要提示一个误区，就是以分量断好坏，这也是没有科学依据的。周默先生的《木鉴》和近期写的两本新书值得红木家具爱好者认真阅读，对当前的红木市场判断极有帮助。

红木家具个人或机构收藏不建议向规模发展。主要原因是市场上就不存在很大量的上好木材和能工巧匠，批量收藏一定保证不了质量。根据评估委员会的鉴定经验。当前市场主要问题是（1）材料以次充好；（2）作工粗糙；（3）新家具产生变形；（4）不具备艺术家具品质。红木家具收藏一定要走精品路线，否则，数量再多也没有收藏价值。

按照专家的研究成果，一个时代的家具流行是与时代文化背景息息相关的。中国传统文化有回归的趋势，但只是文化精神的回归，不会是形式的回归。中国古典家具确实有难以逾越的艺术高度，但不意谓适合现代生活。拥有几件精品红木家具是雅事，但不会出现红木家具普遍增值的市场空间。

第一百十八回

进退自如兴收藏

说说收藏品的典当与抵押贷款。

购买艺术品是很痛快的事情，转让艺术品是件很困难的事情。主要原因是艺术品的流通机制尚不完善。转让困难，是不是可以抵押贷款或质押典当呢？在理论上是可以的，但是在实际生活中，艺术品的典当和抵押贷款是很难走得通的。

艺术品肯定是有艺术价值和市场价值的，应该可以按照资产抵押典当和贷款，但是由于典当行与银行都不是艺术品的专业机构，无法断定艺术品的真伪与市场价值，所以在目前情况下都不敢开展此项业务。典当行只接受不动产或可以评估资产价值的流动资产抵押业务。而银行也一样不能开展艺术品抵押业务，除非有担保人担保，银行不能直接受理艺术品抵押贷款业务。

解决艺术收藏品抵押贷款的关键，必须假手艺术品贷款担保公司。而艺术品担保公司又必须解决艺术品的鉴定、评估、存储问题。目前，国内能够基本上解决鉴定、评估、存储这三个关键问题的机构仅有原文化部文化市场发展中心（现改制为中国动漫集团）旗下的北京皇城艺术品交易中心。这个机构成功地在山东潍坊银行进行了艺术品抵押贷款试点，并在北京和唐山开展了艺术品典当业务，至今业务开展的比较顺利。

北京皇城艺术品交易中心拥有当前最权威的近300名艺术品鉴定评估专家，有八个艺术品专业委员会和法律、市场两个专业委员会，已有六年成功的鉴定评估经验，本着"专家权威、程序严谨、方法科

日本手工瓷　　　　　　　　　　　日本手工瓷

学、态度客观"的原则开展鉴定评估业务。此外，北京皇城艺术品交易中心还建有国际技术支撑的恒湿、恒温专业艺术品保管库。这是当前唯一一个面向社会服务的艺术品专业仓储库房。皇城艺术品交易中心为艺术品典当或抵押贷款提供了关键性的基础服务。

　　不久的将来，国内首家艺术品抵押贷款担保公司将成立。艺术品的经营者、艺术品创作者及艺术品的收藏者期盼已久的艺术品抵押贷款业务将正式启动。这项业务的启动必将全面推动艺术品产业的发展和繁荣。艺术品收藏将与艺术品资产直接关联，艺术品收藏或艺术品投资收藏将会步入一个新的历史阶段。

王家新书法《云林雅趣》

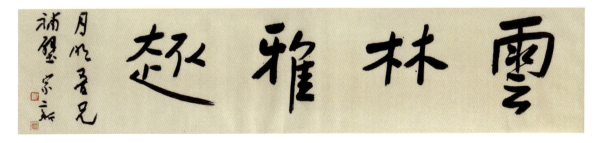

说说高端收藏的风向标。

当前，许多艺术品投资基金都瞄向书画收藏。收藏的原则主要是有升值潜力的艺术家作品。哪些艺术家的作品有升值潜力呢。书画投资基金经理的理念是寻找那些在中国美术史上有名有姓的艺术家或代表某一艺术流派的代表作品。还有就是一定要收集精品、真品。图书著录和良好的交易纪录作品都是书画投资基金的重点关注对象。

其实当代中国急需一套美术作品档案。就如同宋代赵明诚与夫人李清照一起鉴赏古物著述的《金石录》，清代的《石渠宝笈》和1936年末1937年初，出现的一本很重要的图书《旧都文物略》。这些珍贵的文献真实地记录了一个历史时期部分艺术珍品，也为后人提供了一份珍贵的艺术档案，其历史资料、艺术资料的宝贵价值不说，仅对收藏而言就是提供了一个风向标和"联络图"。

2008年，原文化部文化市场发展中心艺术品评估委员会经过慎重讨论，向文化部提交了编录《二十世纪美术作品国家档案》的申请报告并申请国家财政部的专项经费支持，开始了第一批艺术大师的美术作品档案编录工作。截止到2012年，已为每位入编艺术家建立了详细的电子档案，并编辑出版了《齐白石》卷一；《李苦禅》卷一、卷二；《庞熏琹》卷一；《陈少梅》卷一，五本图书档案。编委会由国家级顶级美术史及评论家和多位权威鉴定家组成，制定了严格的收录程序和制度，专家和工作人员倾注了大量心血来对待此项工作。每天

白俄罗斯草编工艺品

鸡翅木雕像

法国马蒂斯素描版画

面对来自世界各地的艺术大师散落在各处的藏品，不仅有国家级博物馆、艺术馆的藏品，还有更多的海内外私人藏品。专家要认真鉴定，工作人员要按程序区分归档。艺术档案一经推出，就引起社会强烈共鸣，此项工作被誉为"功在当代，利在千秋"的功德工程。

艺术档案的推出，受到海内外华人的广泛赞誉，一位香港藏家一次性购买了100本赠送他的收藏界朋友，海内外的藏家纷纷拿出自己多年的艺术大师们的藏品，送到编录委员会鉴定编录，许多从未面世的精品首次露面。可见国家级艺术档案的意义和作用。

艺术档案工作是一件长期而艰辛的工程。编录委员会将以向历史、向时代、向后人、向艺术高度负责的精神一如既往地做好工作，这将对中国艺术史、艺术品市场起到不可估量的作用。这套艺术档案也必将成为艺术品收藏的风向标。

第一百二十回 历经沧海为哪般

说说收藏文化的意义。

有很多朋友到我的简陋工作室喝过茶，多数人都有很好的感觉，看见我屋内堆放各处的收藏品很感兴趣。还有不少人也开始了收藏"生涯"，每周末都有朋友约我去古玩市场"淘宝"，乐此不疲。他们说心情变得宁静了。

我许多朋友都是事业有成者，每天被事务所缠绕，电话没有安静的时候，人总处于紧张的压力之下，仿佛天下的事务都需要他们操心。这种状态就是现代生活的节奏所致。北京、上海等大中城市正处于快节奏、高压力之下，时间长了，人就会忽略内心的修养，被外在的压力所困，心情会变得焦躁不安。我提倡收藏就是推开生活城堡中另一扇窗户，就是给自己心灵放飞一片天空。忙忙碌碌之余，才知道归结于心灵的充实和宁静之宝贵。而收藏兴趣正是抵达心田深处安宁的简捷途径。

我国自汉代开始，历代王宫中都设有"秘阁"用来收藏，收藏着大量的奇珍异宝、书画和工艺美术等珍品。到了宋代，宋徽宗所收藏的古器物达6000多件，士大夫们也是竞相收藏，欧阳修、赵明诚等都曾是当时著名的收藏家。清代，在文物的收藏或研究方面更是大大地超过了前代。为什么自古以来无论是权贵，还是平民都喜欢收藏？我认为收藏是对文明的推崇、是对文化的回归、是对身心的愉悦。

韩美林紫砂壶

莲头八宝香炉

　　收藏也是一种情感的依托。人有时很孤独，尽管有亲情，有工作，有生活，但内心的许多情感是无法尽与人说的，别人是不能全身心陪伴你去分享一切情感与感悟的。而收藏情趣也是一个内心独白的依托，藏品看起来没有生命，却是一个忠实的伴侣，它可以默默地与收藏者交流，也让收藏者不再寂寞。这就是收藏带来的内心充实和情趣。

　　歌德说过："收藏家是最幸福和快乐的人。"收藏的快乐恰恰在于对藏品文化内涵和自然造化的体会和感悟，丰富和充实了我们内心的营养。心田的滋润是最愉悦的事情。文化艺术是文明的精髓，精髓的凝练和凝结成就为一件件藏品。在这层意义上讲，收藏品是人类文明的归结，收藏爱好是人类美好情感的归宿情结。不能说没有收藏爱好的人不懂生活，但可以说爱好收藏的人一定是热爱生活、崇尚文明、尊重艺术的人。

后记

短短两个月的时间，写了120篇小文，涵盖了艺术品收藏方面诸多问题。没有刻意选定专题，任由笔下纵横。作为一个收藏爱好者来写收藏，多数是一己之见，不能和专业人士相比，所以就刻意回避了专业收藏知识的叙述，只写写个人的心得。如有些裨益，也归功于诸多艺术品界朋友的坦诚交流及多年的市场运营阅历。

艺术品收藏牵涉的领域极多，几乎牵扯到生活的方方面面。在写120篇文章也说不尽所有的问题，只能简单地概括为：艺术品收藏是理性与感性的交织，适当把握其中的尺度，才对收藏者是件快乐的事情。毋庸置疑，收藏的队伍会不断扩大，许多教训和经验都会重蹈覆辙。此书只是给有心人一个善意的提示而已。

本书列举了一些真实案例，略去真人真名，目的在于说明事理，无刻意褒贬之意。此书援引的大量图片资料，多数为袁群力先生用我个人的藏品专门拍照的，个别图片也征询了图片所有人的同意后使用的。在此表示感谢。也感谢艺术品评估委员会的多位专家及各地工作站的朋友及北京皇城艺术品交易中心的所有同事们。感谢河南工作站的陈捷先生、山东工作站徐永斌先生、上海工作站陈海波先生对出版本书的鼓励。

最后要感谢河北新闻出版集团北京颂雅风团队，是他们认真耐心的工作保证了此书高质量出版。感谢颂雅风《艺术月刊》及上善雅和艺术杂志《雅和》对本书内容的提前转载，鼓励此书早日出版。

胡月明

2012年12月

任重《高士图》

图书在版编目（CIP）数据

"胡"说收藏 / 胡月明著 . —— 石家庄 ：河北教育
出版社 ，2013.4

ISBN 978-7-5545-0029-3

Ⅰ . ①胡… Ⅱ . ①胡… Ⅲ . ①收藏－基本知识 Ⅳ .
① G894

中国版本图书馆 CIP 数据核字 (2013) 第 067225 号

书　　名 / "胡"说收藏
作　　者 / 胡月明著
出版发行 / 河北出版传媒集团
　　　　　河北教育出版社
　　　　　（石家庄市联盟路705号，邮编050061）
出　　品 / 北京颂雅风文化传媒有限责任公司
　　　　　www.songyafeng.com
　　　　　北京市朝阳区望京利泽西园3区305号楼
　　　　　邮编 100102　电话 010－84852503
编辑总监 / 刘　峥
责任编辑 / 栾小超
装帧设计 / 郑子杰
设计助理 / 陈晓晓
制　　版 / 北京颂雅风制版中心
印　　刷 / 北京方嘉彩色印刷有限责任公司
开　　本 / 787×1092　1/16
印　　张 / 16
出版日期 / 2013年5月第1版　第1次印刷
书　　号 / ISBN 978-7-5545-0029-3
定　　价 / 98元